Copyright © 2024 Erson Goncalves

Todos os direitos reservados

Nenhuma parte deste livro pode ser reproduzida ou armazenada em um sistema de recuperação, ou transmitida de qualquer forma ou por qualquer meio, eletrônico, mecânico, fotocópia, gravação ou outro, sem permissão expressa por escrito do autor.

ISBN: 978-1-0688736-2-1

Capa: Erson Gonçalves

R2

Agradecimentos

A Deus pela saúde e motivação para escrever.

Às pessoas que assistem as minhas palestras.

Aos amigos Rosa Maria Pisa, André Ramo Oliveira, Reinaldo Kede, Sobek Rebello e Fabiano Sales, grato pelo incentivo, pela colaboração e pelos valiosos comentários.

À espiritualidade e aos meus irmãos de fé do Repouso do Caminho e do Grupo Renovando, onde encontro as energias e a motivação para prosseguir nesta caminhada.

À minha família pelo apoio moral.
E em especial, à Jô - esposa e companheira em todos os momentos.

Gratidão a todos vocês!

Erson

ÍNDICE

Agradecimentos	3
Introdução	5
Parte I – Fontes de Conflitos	9
1. Conflitos Externos	11
2. Conflitos Internos	27
3. As Nossas escolhas	31
Parte II – Causas das Doenças	35
4. Doenças Físicas	37
5. O corpo fala e escreve!	41
6. Doenças Psicossomáticas	63
Parte III – O Ciclo do Perdão	73
7. Evolução moral	73
8. Componentes do Ciclo do Perdão	79
9. Evento Gerador e Afastamento	83
10. Regeneração	89
11. Reparação	97
12. Meditação	103
13. O Auto Perdão	113
Parte IV - Conclusões	121
Parte V – Perguntas Frequentes	125
E Agora?	133

Introdução

*"Se você errou, peça desculpas...
É difícil pedir perdão?
Mas quem disse que é fácil ser perdoado?*

*Se alguém errou com você, perdoa-o...
É difícil perdoar?
Mas quem disse que é fácil se arrepender?"*

- Trecho do poema *"Nem tudo é fácil"* de Glácia Daibert

Muitas vezes ruminamos pensamentos ruins sobre determinada situação indesejada. Eles ficam girando na mente sem iluminar qualquer solução. Afloram os sentimentos de raiva, de aflição, de tristeza.

O *"Aprendendo a Perdoar - Uma questão de saúde!"* é um livro de autoajuda baseado na minha experiência. Ele tem por objetivo auxiliar as pessoas que almejam obter a liberdade de viver plenamente.

Ao analisarmos os temas relativos ao perdão notamos que eles têm forte relação com dogmas religiosos.

Os livros bíblicos, palestras e orações induzem os fiéis à prática do perdão. Entretanto, acontece que tanto vítimas quanto ofensores arrependidos apresentam dificuldades para perdoar porque a maneira efetiva *"de como fazer"* não é facilmente compreendida.

E esta compreensão é estabelecida neste livro, pois considero que perdoar é um processo de aprendizado contínuo que encoraja o encontro de si. A prática consciente do perdão é necessária para minimizar os sentimentos negativos que afetam a saúde física e mental.

Em alguns momentos da vida eu percebia que algo estava me travando. A minha alma sofria das dores originadas por sentimentos negativos que variavam desde os melindres que aconteciam no dia a dia até os casos de ofensas mais graves. Talvez as causas tenham sido os preconceitos e mensagens enganosas adquiridas desde a infância.

Eu me sentia preso num cativeiro sem saber lidar com essa situação até que tomei a decisão de sair dele e buscar uma solução.

O primeiro passo foi procurar um profissional. Iniciei o tratamento com um psicanalista. Ele me ajudou a identificar as causas e encontrar a solução para esses sofrimentos. Interessante foi descobrir que a solução estava muito próxima e dependia só de mim. Bastava eu praticar o perdão!

Após 6 meses de tratamento, consegui me auto perdoar e reconciliar com ofensores. Como o meu caso não era tão grave, o psicanalista me liberou com a recomendação de continuar estudando livros de autoajuda e praticar meditação.

Então, passei a me interessar mais sobre os assuntos relativos ao perdão. Por mais de três décadas pesquisei dezenas de livros e assisti muitas palestras que tratam do tema, tais como: autoajuda, psicologia, espiritismo, religiões, saúde e doenças mentais. Ministrei cursos sobre o assunto e, também, recebi sugestões para escrever.

Depois de anos adotando esses conhecimentos, a minha qualidade de vida foi melhorando gradativamente e de forma consistente. Para facilitar a memorização, agrupei esses ensinamentos num roteiro simples e dividido por etapas. Denominei-o *"Ciclo do Perdão"*.

Tive a oportunidade de utilizar o *"Ciclo do Perdão"* em outros momentos para superar eventos indesejáveis de gravidades variadas. Saúde em primeiro lugar!

Como os resultados têm sido satisfatórios para mim, decidi trazer estes conhecimentos neste livro com a seguinte proposta:

   a. Tratar o perdão sob o âmbito da saúde física e mental.

   b. Ajudar as pessoas a adotarem a prática do perdão para minimizar os seus sofrimentos.

   c. Trazer conhecimentos para que qualquer pessoa possa se transformar para melhor, independente de religião, do grau de instrução, ou credo.

   d. Indicar um caminho *de como perdoar* de forma objetiva através do *Ciclo do Perdão.*

O corpo fala e escreve! A grande maioria das doenças originam-se na mente. Os pensamentos e sentimentos tóxicos emitidos e recebidos contribuem para a materialização das doenças nos órgãos do corpo.

Os capítulos que antecedem à descrição do Ciclo do Perdão sumarizam conhecimentos importantes para o bom entendimento da realidade em que vivemos.

As origens dos conflitos externos (social) e internos são esclarecidos para que possamos minimizar os seus impactos. Eles geram energias que nos afetam diretamente, pois alteram o funcionamento dos fluidos dos chacras e dos órgãos, resultando nas doenças psicossomáticas. Dada a interligação estreita entre esses elementos, sugiro que a leitura dos capítulos iniciais seja feita com atenção.

Os conhecimenos trazidos neste livro podem ser aplicados para esclarecer, minimizar ou resolver situações de melindres e conflitos de baixa complexidade.

Pela própria experiência enfatizo que *SEMPRE* os profissionais de saúde deverão ser consultados, principalmente nos casos complexos onde a ajuda de psicólogos e psicanalistas é fundamental.

A prática do autoperdão e dos demais conhecimentos ajudarão a você manter relacionamentos consistentes com familiares, amigos e colegas. Você desfrutará a vida com mais energia, mais vibração, clareza, vontade de amar, saber avaliar e se defender de riscos potenciais de frustração.

Lembre-se de que *o sucesso do tratamento depende da vontade e do esforço do paciente!* Boa leitura, boa prática e sucesso!

Erson

Parte I

Fontes de Conflitos

Ao longo de nossas vidas vivenciamos muitas situações de desavenças cujos níveis de gravidade causam sofrimentos morais e físicos. O conflito é causado por falta de entendimento e envolve, pelo menos, os seguintes elementos: o motivo, o ofensor e o ofendido (vítima).

As causas mais comuns dos conflitos externos originam-se dos atritos causados pela diversidade das pessoas na sociedade, pelas mensagens enganosas, pelas necessidades humanas divergentes e pelo choque de gerações.

Os conflitos internos são motivados pelas inquietudes pessoais que dificultam viver em harmonia.

Tanto os conflitos externos quanto os internos são fatores de risco que potencialmente afetam a nossa saúde física e mental. Apesar de terem estreita relação entre si, para efeito deste estudo, ambos estão descritos separadamente.

1. Conflitos Externos

Diversidade das pessoas

Vivemos entre pessoas com personalidades, comportamentos, índoles e maneiras de pensar diversas que nos forçam a adotar atitudes tanto defensivas como ofensivas para sobreviver. Nós afetamos as outras pessoas e somos afetados por elas, seja na família, nas empresas, nos grupos sociais e nas instituições religiosas.

Em geral, assumimos que somos "pessoas normais" e julgamos que os outros possam corresponder da mesma maneira. A nossa referência individual é formada pela educação e regras morais adquiridas dos nossos pais, parentes, educadores, colegas, vizinhos, líderes religiosos e culturais, profissionais, autoridades políticas e movimentos sociais.

Além das orientações saudáveis, também nos foram repassadas as tradições culturais, os preconceitos, as superstições e certas mensagens enganosas que nos impressionaram pela imposição do medo.

Vivendo em sociedade precisamos estar atentos para identificar os sintomas que as pessoas apresentam, a fim de compreendê-las e minimizar potenciais conflitos. Segundo Santo Agostinho:

> *"As pessoas não são o que parecem...*
> *As pessoas não são o que deveriam ser...*
> *As pessoas não são o que gostaríamos que fossem...*
> *As pessoas são exatamente como são*
> *e não há nada que possamos fazer a respeito."*

Este pensamento ilumina a direção para a vida. A gente não consegue mudar ninguém a não ser nós mesmos. Tentar mudar o próximo gera muitos conflitos, desgaste, frustração e sofrimento desnecessários.

Conflitos são originados por agressividade, ofensas sem fundamento lógico, rudeza, respostas lentas e atitude desinteressada. Muitas vezes as causas desses eventos estão relacionadas à existência de transtornos mentais que afetam diretamente o comportamento do ser humano gerando mal entendidos e conflitos.

Os relatórios médicos detalham os transtornos mentais. É importante conhecê-los para entender as atitudes estranhas das pessoas e evitar situações de conflito.

Ansiedade. Vivenciar sentimentos ocasionais de ansiedade é normal diante de uma situação perigosa, ou preparando-se para um evento especial, como uma entrevista de emprego ou falar em público.

Quando esses sentimentos se tornam frequentes e incontroláveis, a pessoa passa a apresentar sinais de preocupação com tudo e com todos, causando estados de estresse e de angústia.

Depressão. Transtorno mental grave caracterizado por angústia, tristeza profunda, apatia, perda de interesse por atividades antes prazerosas, baixa autoestima e sentimento de culpa. Em casos mais graves surgem os pensamentos suicidas.

A intensidade dos sintomas pode ser moderada, leve ou grave. Eles podem aparecer logo após circunstâncias traumáticas como a morte de um familiar e o desemprego. É importante não confundir a depressão com a tristeza que é uma emoção passageira.

Luto. O sofrimento do luto traz uma intensidade de emoções dolorosas que provocam estados de depressão, raiva, culpa e tristeza. Há momentos em que a pessoa precisa se lamentar, desabafar, ficar em silêncio e compartilhar memórias. A melhor atitude é ouvi-la.

Esquizofrenia. A esquizofrenia é um transtorno psíquico severo (psicose) que causa alucinações visuais, auditivas, delírios, fala incompreensível e sintomas depressivos. Manifesta-se através da irritação exagerada nas relações sociais e familiares, incapacidade de manter diálogo e aprofundamento em si mesmo (isolamento).

Bipolaridade. Transtorno caracterizado pela variação entre ciclos. Na fase maníaca a pessoa sente-se poderosa, confiante em excesso, executa inúmeras atividades consecutivas e dorme pouco. Na fase de depressão a pessoa vive momentos de inibição, de lentidão para conceber e realizar ideias, bem como ansiedade e tristeza.

Pacientes de Alzheimer. A doença de Alzheimer é um tipo de demência porque o cérebro não consegue funcionar regularmente. Os pacientes costumam ser metódicos e rotineiros, poucos amigos, gostam de viver isolados e são avessos a mudanças. Vivem de forma limitada e dependente de cuidadores.

Dependentes químicos. A dependência de drogas ocorre através do aumento da frequência de uso, e da incapacidade da pessoa em resistir à vontade de utilizar o produto. Identifica-se uma pessoa dependente observando-se a mudança radical no comportamento, o relacionamento com pessoas suspeitas, existência de marcas no corpo, mudanças na rotina diária e transtornos mentais.

Malandros. Conhecidos como estelionatários e vigaristas. São avessos ao trabalho regular e à honestidade. Vivem buscando oportunidades para levar vantagem, enganando a vítima através da falsificação de documentos, adulteração e manipulação de resultados de jogos e outras atividades. Eles costumam ser hábeis e flexíveis. Possuem raciocínio rápido e capacidade de simulação. Procuram se proteger para evitar provas contra eles.

Psicopatas ou sociopatas. Denominados predadores sociais, pois manipulam e causam intrigas, arruínam empresas e famílias. São pessoas calculistas, sem consciência, inescrupulosos, mentirosos, sedutores, incapazes de estabelecer vínculos afetivos, desprovidos de sentimento de culpa ou remorso. Eles visam apenas o próprio benefício revelando-se agressivos e violentos para atingir os seus objetivos.

Para pensar...

1. Você já tentou mudar alguém? Conseguiu?

2. Você se relaciona com alguém que apresenta algum tipo de transtorno? Descreva o transtorno e como você lida com essa pessoa.

Mensagens enganosas

Muitas situações desagradáveis pelas quais passamos são influenciadas de alguma forma pelas mensagens enganosas, ou mistificadoras, forjadas nas nossas mentes.

Cada pessoa conserva as suas características individuais, o seu caráter, a sua maneira de ser, e a sua maneira de encarar o mundo externo. Todavia, as mensagens mistificadoras acabam norteando de forma latente os nossos comportamentos e o poder decisório. Parece que elas permanecem na mente esperando o tempo de agir.

Os adultos precisam compreender que as mentes das crianças são como esponjas que absorvem quase tudo. Por isso, eles precisam ter cuidado com o que falam e mostram para os pequenos seres.

As mensagens fortes impressionam a mente e forjam as maneiras de pensar, agir e compreender. Elas influenciam as demais fases da vida da pessoa pois promovem os conflitos internos de aceitação e até mesmo os transtornos psicológicos.

As mensagens enganosas têm a intenção de ludibriar ou enganar alguém. As pessoas produzem mensagens enganosas através de palavras, textos, objetos e imagens. O objetivo é abusar da credulidade das pessoas mal-informadas, enganá-las e iludi-las para manterem-se fiéis aos objetivos de poder de alguém ou de instituições.

Os mistificadores objetivam conquistar seguidores criando confusão na mente das pessoas para obterem vantagens. As suas mensagens enganadoras não apresentam consistência e para obter a credibilidade da audiência fazem referências a personalidades, dogmas religiosos, superstições, crendices populares, folclore, "fake news", tabus e normas sociais. Os mistificadores apostam que ninguém pesquisará a veracidade das suas afirmativas.

Na atualidade vivenciamos as chamadas "fake news", as notícias oficiais distorcidas e as mensagens de líderes duvidosos. Independentemente do grau de instrução, da cultura ou da idade, qualquer pessoa distraída está sujeita a aceitar e se tornar alienada desses enganadores que impõem as suas ideias através do medo e da bruma que lançam sobre a verdade.

Os órgãos de segurança recomendam cautela com as chamadas telefônicas de desconhecidos e com as notícias e propagandas bombásticas. Sempre é recomendável verificar a veracidade da informação e sobre a credibilidade de quem está propagando tais mensagens. O acesso online facilita identificar números de chamadas telefônicas, bem como a identificação de pessoas físicas e jurídicas.

Para pensar...

1. Você tem sensações de amargura e desconhece o motivo?

2. Mentalize uma crendice ou superstição que você acredita.
   Imagine retirando-a da sua vida. O que pode acontecer?
   Ela continua fazendo falta para você?

Necessidades humanas

Segundo a "Teoria da Motivação Humana" de Abraham Maslow, existe uma hierarquia de cinco níveis de necessidades que o ser humano se esforça para supri-las, mesmo gerando conflitos.

Necessidades Fisiológicas. Elas são inerentes ao corpo físico, como: fome, sede, sono, desejo sexual, moradia e saneamento básico. Para satisfazê-las as pessoas podem até tornarem-se agressivas.

Necessidades de Segurança. Inclui a proteção física, emprego, vida estável, saúde, seguro de vida e leis para manter a ordem na sociedade. Se essas necessidades não forem satisfeitas, as pessoas tornam-se apreensivas, inseguras e adquirem as síndromes do medo e do perigo.

Necessidades Sociais. Na fase adulta surgem os relacionamentos sociais incluindo as amizades com colegas de escola e de trabalho, além do desejo de amar outra pessoa. A falta de relacionamento social e afetivo torna a pessoa depressiva.

Necessidades de Estima. Relacionam-se com a autoconfiança, respeito, apreciação, prestígio e poder. A falta de reconhecimento por parte dos outros afeta no indivíduo a sua dignidade, autoestima e falta de entusiasmo para o trabalho.

Necessidades de Autorrealização. Capacidade de uma pessoa buscar e conseguir os seus objetivos pessoais em determinada área de atividade. Ela gera autonomia, autocontrole, visão e independência individual. Apesar de todo esforço necessário, se o nível de autorrealização estiver abaixo do esperado, a pessoa torna-se frustrada e depressiva.

Muitos conflitos podem ser evitados prestando-se atenção no estado de humor e no comportamento das pessoas. Por exemplo:

a. Exigir aprendizado eficaz de um estudante que chega na escola com muito sono e com fome.

b. Depois de executar um trabalho árduo, o seu gerente não agradece ou reconhece a sua dedicação.

c. Jovem em estado depressivo porque os pais controlam o uso do celular para relacionamento social.

Para pensar...

1. *Observe cada nível da pirâmide de Maslow.*
    Procure relacionar as suas necessidades atuais e futuras com a escala proposta.
2. *Quais necessidades são prioritárias para a sua vida?*

Choque de gerações

Cada geração é marcada pelas próprias orientações, experiências, e aspirações para encarar a vida. Por falta de entendimento, estes fatores geram conflitos porque provocam impactos, descontentamentos e aborrecimentos por parte das pessoas das gerações opostas.

Para fins de atividades mercadológicas as pessoas são classificadas em grupos de acordo com a data de nascimento, orientação marcante e aspirações. Para efeito didático, podemos utilizar essa classificação para entendermos os aspectos relevantes de cada geração.

Tradicionalistas. Nascidos antes de 1945. Geração marcada por tempos difíceis, como: Grande Depressão de 1929, II Guerra Mundial e Guerra da Coréia.

Orientação: Lealdade ao emprego vitalício e viver de acordo com as normas sociais.

Aspirações: Adquirir a casa própria.

Baby Boomers. Nascidos entre 1946 e 1964. O apelido faz referência à grande quantidade de bebês nascidos logo após a Segunda Guerra.

Orientação: Disciplina rígida, valorização do trabalho, da família e do progresso individual. Ascensão da juventude e revolução cultural.

Aspirações: Segurança no emprego

Geração X. Nascidos entre 1965 e 1980. Esta geração é marcada pelo início da tecnologia de massa.
Orientação: Exigência de adaptações rápidas às mudanças. Enfatizam o aprendizado. Houve crescimento de divórcios.
Aspirações: Trabalhar para viver. Equilíbrio entre trabalho e lazer.

Geração Y. Nascidos entre 1981 e 1996. Apelido "Millenials".
Orientação: Ênfase na utilização da tecnologia alinhados às causas sociais e ativismo. A formação de família depende da carreira profissional e estabilidade financeira. Competitividade pessoal. Apresentam dificuldade de adaptação em organizações com perfil tradicional.
Aspirações: Liberdade e flexibilidade no trabalho para viver melhor.

Geração Z. Nascidos entre 1997 e 2010. Apelido "Centennials".
Orientação: Geração digital e de mobilidade. Conectados online com frequência. Enfatizam inovação e empreendedorismo. Aprendem com rapidez e questionam muito. Ativismo.
Aspirações: Segurança e estabilidade.

Geração Alfa. Nascidos a partir de 2010.
Orientação: O uso da tecnologia é mais intenso tanto para atividades educacionais quanto para entretenimento.
Aspirações: Inovação.

Os conflitos entre gerações ocorrem devido às diferenças de orientação e de aspirações. Reflita sobre as seguintes situações:

a. Avós Tradicionalistas versus neto da Geração Y.

Insistência constante para que o neto trabalhe, compre uma casa e forme uma família como era a orientação deles no passado.

O jovem não aceita tal proposição porque a sua prioridade é focar nos anseios profissionais e financeiros, deixando a formação de família para segundo plano. Estas diferenças geram atritos constantes na família.

b. Pais Baby Boomers versus filhos da Geração Z.

Controle e atritos diários com os filhos devido ao uso excessivo dos celulares. A geração Z é digital, móvel e sempre conectados com as redes sociais. Atualmente também os professores se comunicam com os estudantes via online para exercício das atividades escolares, método adotado durante os dois anos de confinamento devido a pandemia COVID-19.

É difícil controlar os acessos aos celulares mesmo utilizando-se de determinados aplicativos de controle. Há necessidade de cautela no trato deste problema, pois os filhos acabam tomando posição de vítimas piorando o relacionamento com a família.

Sob a manta mercadológica surgiram os "influenciadores" nas redes sociais impondo padrões de moda, do jeito de ser, da maneira de pensar diferente, e de modernismos adaptados às novas gerações segundo os seus objetivos de vendas.

Jovens carentes de discernimento costumam seguir influenciadores digitais. Eles aceitam esses padrões como corretos. No entanto, há o risco de estreitar a visão do indivíduo sobre fatos mais amplos que ocorrem na sociedade.

Com base nas fontes de conflitos descritas acima podemos entender a complexidade das pressões e influências em que estamos envolvidos. Assumimos os riscos das discórdias e das desavenças a todo instante mantendo a nossa mente impressionada de sentimentos negativos.

Precisamos estar atentos e moralmente preparados para entender o momento presente afim de evitarmos os conflitos de gerações. Essas desavenças geram desgastes desnecessários, além de afetar a saúde física e mental.

Pais e educadores devem adotar posturas amigáveis com as crianças e jovens estabelecendo limites e responsabilidades.

Evitar imposições e atitudes rígidas como era de costume nas gerações precedentes. Não se pode exigir dos outros o que eles são incapazes de oferecer. Procurem descobrir os talentos dessas novas criaturas para auxiliá-los na construção das suas vidas.

Para pensar...

1. Qual a sua geração?

2. Considerando o seu grupo familiar, qual a geração dos seus pais e dos demais membros da família?

   Você é capaz de descrever as características das respectivas gerações deles?

3. Reflita sobre esta afirmativa:

   "As pessoas não abandonam os seus empregos, elas abandonam culturas tóxicas do ambiente de trabalho."

   — Dr. Amina Aitsi-Selmi

2. Conflitos Internos

Os conflitos emocionais internos são caracterizados pelas inquietudes entre a emoção e a razão.

Normalmente ouvimos as pessoas se queixarem dos seus sofrimentos. Os mais comuns são:

- Dores no corpo
- Relacionamentos problemáticos com outras pessoas
- Endividamento financeiro
- Desânimo sobre a vida
- Crises de tristeza
- Sentimentos de culpa
- Incapacidade de mudar maus hábitos

Por causa da fraqueza, o paciente quer que médicos e terapeutas encontrem uma solução imediata para seus problemas. Na verdade, o próprio paciente precisa dar início ao tratamento.

Sintomas

O diagrama abaixo contém os grupos dos sentimentos tóxicos e dos sentimentos bons. Não somos criaturas humanas ruins, apenas almejamos viver bem. A consciência é a chave que comanda as nossas escolhas.

Antigamente, os sentimentos tóxicos eram apontados como os "7 Pecados Capitais". Na atualidade, as ciências vêm esclarecendo que muitos deles são transtornos que devem ser tratados terapeuticamente, e sem a sensação de culpa ou pecado. Como exemplo, as pessoas consideravam a gula como vício e pecado; atualmente, ela é tratada como transtorno compulsivo e tem cura.

Devemos evitar o cultivo dos sentimentos tóxicos porque eles geram sofrimento, bloqueiam o progresso e desenvolvem doenças. Em contrapartida, cultivando os sentimentos bons o ser humano se desenvolve, evolui e torna-se alegre e feliz.

Os sintomas e a comparação entre os dois grupos de sentimentos podem ser visualizados no seguinte quadro:

Aprendendo a perdoar – Uma questão de saúde!

Sentimento Tóxico	Sentimento Bom
1. Orgulho Demasiado amor-próprio, egoismo, vaidade, arrogância, soberba. Causa transtornos na harmonia pessoal e social.	**1. Humildade** Modéstia, simplicidade, respeito ao próximo, consciência das próprias imperfeições, desejo de realizar reforma íntima e progresso espiritual.
2. Inveja Forte desejo de possuir o bem alheio, baixa auto estima, desrespeito aos valores das outras pessoas, sentimento de inferioridade, dificuldade em reconhecer o sucesso dos outros.	**2. Caridade** Sentimento de compaixão ao próximo, prática do bem sem esperar reciprocidade, amor ao próximo, ajuda a necessitados.
3. Raiva Forte descontrole emocional, ira, violência, desrespeito ao próximo, desejo de vingança, dores musculares, agitação, confusão mental.	**3. Paciência** Tolerância, forte controle emocional, calma, perseverança, amor a si próprio e ao próximo, moderação a própria vontade, suporta dissabores, resignação.
4. Preguiça Negligência, indolência, atitude avessa ao trabalho e à responsabilidade, indisposição, sedentarismo, obesidade, problemas cardiovasculares, falta de energia, lentidão, moleza.	**4. Diligência** Comportamento proativo, presteza, ética, determinismo, empenho, zelo.
5. Avareza Ganância, apego excessivo a bens materiais e dinheiro, paixão por acumular bens materiais, cobiça, medo da perda.	**5. Generosidade** Desprendimento, doação do próprio tempo, esforço ou bem material, compaixão pelo sofrimento alheio, abnegação, filantropia.
6. Gula Transtorno compulsivo por comer, comprar ou usar, busca de compensações, dificuldades em manter controle emocional, obesidade.	**6. Temperança** Abstinência, moderação no apetite e nas paixões, desprendimento de pessoas e objetos.

7. Luxúria	7. Castidade
Apego ao prazer sensual, egoísmo.	Simplicidade, abstinência de prazeres sensuais, alcance da pureza de pensamento através da educação e da reforma íntima.

O diagrama detalhado abaixo nos ajuda a identificar com clareza os nossos sentimentos tóxicos. Podemos superá-los fortalecendo os sentimentos bons opostos. A nossa consciência é a chave que comanda esse processo de escolhas.

Sentimentos Tóxicos		Sentimentos Bons	
Ansiedade	Irresponsabilidade	Aceitação	Humildade
Avareza	Luxúria	Afetividade	Individualidade
Baixa Estima	Mágoa	Alegria	Liberdade
Crítica	Medo (Aflição)	Amor	Lucidez
Crueldade	Orgulho	Autoconhecimento	Naturalidade
Culpa	Perda	Compaixão	Paciência
Dependência	Preguiça	Compreensão	Perdão
Depressão	Preocupação	Coragem	Renovação
Egoísmo	Raiva	Criatividade	Respeito
Gula	Repressão	Desapego	Sabedoria
Ilusão	Rigidez	Generosidade	Segurança
Insegurança	Solidão		
Inveja	Vício		

← Consciência

Para pensar...

1. Utilizando o quadro acima, identifique os seus sentimentos tóxicos e bons.

2. Você considera ser capaz de minimizar os seus sentimentos tóxicos e vivenciar os sentimentos bons opostos? Analise.

3. As nossas escolhas

Nós construimos as nossas vidas através de escolhas. Enquanto pensamos, muitos cenários surgem na mente. Eles são influenciados pelos estímulos internos e externos.

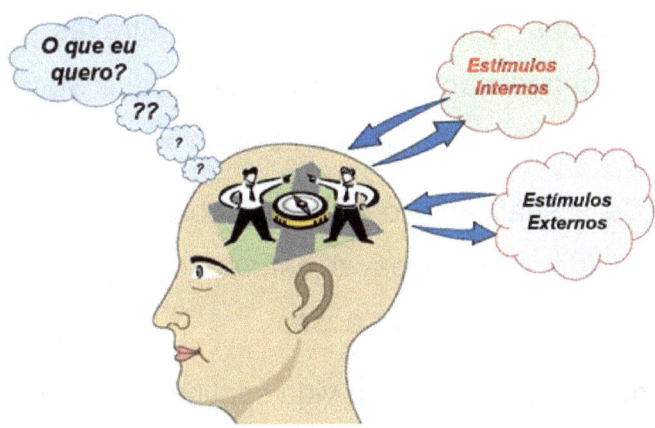

Diante disso, podemos refletir sobre os três caminhos sugeridos para responder à indagação: "O que eu quero?"

Progredir. A decisão de progredir implica em esforço e dedicação, pois é uma decisão positiva voltada à prosperidade e ao exercício dos seus sentimentos bons.

Sendo proativo, você descobrirá novas oportunidades, assumirá mais responsabilidades, e obterá recompensas pelo seus esforços.

Tais compensações serão materializadas através da satisfação pessoal, do reconhecimento da organização que você trabalha, ou mesmo pela conquista de novos clientes se você for empresário.

Sobreviver. Se a sua decisão for pela sobrevivência, então procure manter a sua vida com razoável esforço e esperar que talvez as oportunidades possam surgir do acaso.

Este cenário pode ocorrer tanto na vida sentimental quanto no ambiente de trabalho. Se você não se sente apto para assumir uma posição proativa e correr atrás das oportunidades, deixe de ser vítima e reclamar de que os outros não oferecem chances para você melhorar.

Estagnar. Caso você decida estagnar na vida, faça o mínimo possível, subestime a competitividade e procure uma entidade que o mantenha sem aspirações.

As pessoas estagnadas alegam ser incapazes e procuram "empurrar" os seus deveres e responsabilidades para outras pessoas. Como resultado, tornam-se dependentes dos outros, costumam apontar falhas em tudo, reclamam, culpam Deus pela "má sorte", e assim por diante. Tomam a postura confortável de "vítimas eternas".

De qualquer forma, ninguém escapa da lei divina do progresso que nos impulsiona ao próprio desenvolvimento, seja hoje ou no futuro.

O auto perdão ajuda eliminar a culpa e a raiva por ter optado por caminhos indesejados. Ele restaura a esperança de recuperar a vida sadia e reduz as dores através do crescimento da autoestima.

Para pensar...

1. *"O que você quer para a sua vida? "*
   Tente responder com base nos caminhos sugeridos acima.

Parte II

Causas das Doenças

Os seres vivos têm a capacidade de captar as mudanças que ocorrem no ambiente em que vivem, e reagir através das sensações.

O ser humano é predisposto a se melindrar facilmente e de se sentir incomodado por qualquer movimento externo que esteja fora do seu contexto individual, ou seja, da sua "zona de conforto".

Esta parte do livro trata dos aspectos da evolução moral, sensibilidade física do corpo e da mente. Descreve as causas das doenças, os fluidos magnéticos, os centros de força, os tipos de sintonias do pensamento e as doenças psicossomáticas provocadas pelo desiquilíbrio emocional.

4. Doenças Físicas

Segundo o Dicionário Michaelis, *doença* (enfermidade ou moléstia) se constitui no processo de alteração biológica com sintomas característicos que afetam o corpo todo ou partes dele, resultando no enfraquecimento do estado de saúde do ser humano ou animal.

A alteração do estado de saúde da pessoa pode ser afetada por diversos fatores de risco que são características, condições ou comportamentos que aumentam a probabilidade de se obter uma doença ou lesão física.

A organização EUPATI (European Patients' Academy on Therapeutic Innovation) classifica esses fatores de risco da seguinte forma:

Comportamentais. Relacionados com os hábitos ruins, mas que podem ser corrigidos através de mudanças de atitudes, tais como:

* Nutrição inadequada
* Consumo excessivo de álcool
* Consumo de tabaco e aditivos
* Inatividade física
* Sexo desprotegido
* Deixar de tomar vacinas para evitar certas doenças
* Frequentar ambientes insalubres

* Se expor ao sol sem a devida proteção

Fisiológicos. Relativos ao organismo da pessoa e podem sofrer influência da genética e do estilo de vida, tais como:

* Excesso de peso e obesidade
* Nível de colesterol e de glicose elevados no sangue
* Hipertensão arterial

Demográficos. Relativos às características da população onde vivemos, como faixa etária, orientação sexual, ocupação, religião, renda per capta.

Ambientais. Englobam fatores sociais, econômicos, culturais, políticos, físicos, químicos e biológicos, tais como:

* Saneamento básico
* Água potável
* Locais de trabalho insalubres e inseguros
* Estresse crônico adquirido no trabalho (Síndrome de Burnout)
* Poluição do ar
* Pandemias
* Violência
* Comportamentos sociais

Genéticos. Referentes à constituição física (genes) da pessoa que provoca doenças, tais como: distrofia muscular e fibrose cística. Outros fatores como a asma e diabetes, são causadas pela interação dos genes com fatores ambientais.

Completando esses fatores de risco, existem as doenças infecciosas e parasitárias causadas por bactérias, vírus, fungos e parasitas. Muitos deles vivem no corpo humano e dependendo de certas condições alguns podem causar doenças.

Algumas doenças infecciosas são transmitidas entre pessoas, por insetos, por animais, pelo consumo de alimentos ou água contaminados, ou mesmo pelo meio ambiente. A febre e a fadiga são os sintomas comuns das infecções que dependendo da gravidade devem ser tratadas em hospitais.

Além dessas doenças relacionadas com a matéria (corpo físico), elas também podem ter causa moral, mental, emocional e espiritual, resultando em quadros de estresse, abatimento, desânimo, tristeza, depressão e outros males.

Para pensar...

1. *Analise os fatores de risco citados acima. Você se enquadra em algum deles?*

2. *Você se considera capaz de minimizar ou reduzir os fatores de risco que possam lhe afetar?*

5. O corpo fala e escreve!

"Quando a cabeça não pensa, o corpo padece!"

O corpo humano é constituído por um mecanismo fantástico formado pelos componentes físico, mental e fluídico. Eles podem interagir em harmonia dependendo dos nossos pensamentos.

Conhecer o funcionamento do nosso corpo é importante para cuidarmos dele através da medicina tradicional e pelas terapias holísticas.

O corpo humano possui fluidos e secreções. Ele retém cerca de 70% de água. Devido à concentração de sais minerais e impurezas essa água torna-se boa condutora de energia entre os órgãos.

O corpo *"fala"* através das dores e, também, *"escreve"* na pele as reações emocionais que emanamos através da ruborização da face, das irritações, dos arrepios e das alergias.

Quando sentimos raiva, mágoa, tristeza e culpa não fazemos ideia das consequências desses sentimentos negativos no corpo a curto e longo prazos. Então, perdoar torna-se uma necessidade diretamente associada à saúde do corpo e da mente.

Grande parte das doenças são causadas pelos desequilíbrios internos, ou seja, originam-se na mente e são materializadas nos órgãos. O ser humano é sensível às palavras, às ofensas e aos medos extremos que desencadeiam reações emocionais.

Ficamos traumatizados quando nos deparamos com algo que nos impressiona fortemente. O trauma pode ser de caráter físico, energético, mental, emocional, moral, social, tóxico, climático, sexual, psicológico e infeccioso. Assim, as enfermidades surgem quando um evento qualquer "dispara um gatilho" associado ao trauma. E essa enfermidade pode se manifestar no presente ou no futuro em várias regiões do corpo.

A figura abaixo mostra o conjunto de sistemas do corpo humano. Podemos identificar desde o esqueleto até os centros de força (chacras). É importante observar que todas as energias existentes no corpo fluem em todas as direções magnetizando cada órgão.

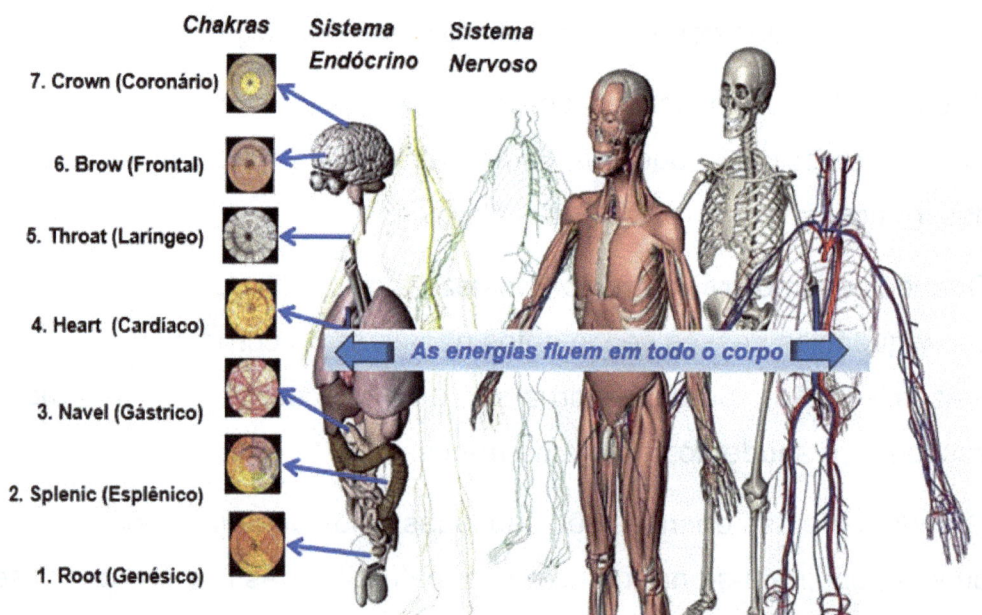

Para pensar...

1. O que estou fazendo com o meu corpo?

2. O que o meu corpo tem "falado" e "escrito" para mim?

Fluido magnético

O corpo humano possui o fluido magnético derivado do fluido universal. Este último é uma substância etérea rarefeita e difundida entre os espaços interplanetários, conforme os meios científicos têm explicado.

Todos os seres orgânicos (humanos, animais e plantas) possuem fluido magnético. Essa energia pode ser transferida entre os seres vivos, seja presencial ou a distância. Essa prática de transferência de energia é largamente utilizada pelas terapias holísticas, como por exemplo as preces, a terapia reichiana, a benzedura e o tratamento espiritual.

O fluido magnético vem sendo estudado e aplicado há centenas de anos no tratamento de doenças. Pesquisadores enfrentaram resistências porque a energia não é algo sólido que se possa ver e tocar.

O Dr. Bernard Grad (1920 - 2010), biólogo, professor e pesquisador na McGill University (Montreal, Canadá), foi pioneiro na época em que as ciências não reconheciam as pessoas dotadas do poder de cura, como benzedeiros e curandeiros espiritualistas.

Ele é considerado um dos principais pesquisadores da *cura energética por imposição das mãos*.

Os resultados das suas pesquisas lançaram as bases e abriram portas para trabalhos no campo da medicina energética.

Na universidade teve como mentor o Dr. Wilhelm Reich e aderiu aos pensamentos do mestre relativos ao orgone e energia vital.

Considerando os processos orgânicos e energéticos do corpo humano a terapia reichiana trata o paciente de maneira integrada e holística, havendo a interseção entre medicina e psicologia.

O Dr. Grad experimentou pessoalmente a sensação da cura energética através do curandeiro húngaro Estebany. Ele encontrou resistências nas suas pesquisas, mas continuou o seu trabalho em silêncio para não chamar a atenção da comunidade acadêmica.

Ele pesquisou a cicatrização de feridas em camundongos, comparando as taxas de cura de camundongos mantidos pelo curandeiro, com os de camundongos não mantidos por ele. Houve melhoras significativas com os camundongos tratados pelas mãos do curandeiro.

Ele também observou a taxa de crescimento de sementes e plantas que foram regadas com água retida e tratada com energia (*água fluidificada*) por diferentes pessoas. Comparou com a taxa de crescimento de sementes e plantas onde foi utilizada água não tratada. Houve aumento significativo na taxa de crescimento de sementes e plantas expostas à água fluidificada.

O Dr. Grad concluiu que quando a energia de cura estava envolvida, havia uma diferença brutal no resultado positivo comparado com experimentos sem nenhuma energia de cura. Esta pesquisa e outras foram feitas entre 1957 até o final dos anos 1990 (33 anos).

Para pensar...

1. Pesquise online os trabalhos do Dr. Grad e Dr. Reich.

2. Descreva as semelhanças dos trabalhos destes cientistas.

Chacras

Os chacras são os centros de força energéticos do corpo, conforme ilustrado na figura abaixo. Cada chacra conecta certos grupos de órgãos. Eles são muito sensíveis e sofrem influências da natureza dos nossos pensamentos e sentimentos.

O corpo humano possui 7 chacras principais e 21 subchacras. Cada chacra tem uma cor e rotação característica. Quando eles estão fracos ou desativados notamos sintomas estranhos como indisposição e dores de cabeça.

Aura é o halo energético ao redor do corpo e irradia as nossas projeções físicas e psíquicas. Keith Sherwood registrou milhares de cores e tonalidades de azul, vermelho, verde, marrom, laranja, violeta e branco. A textura da aura revela o caráter da pessoa, enquanto a forma e a cor demonstram o seu estado de saúde e o emocional.

A figura abaixo traz a imagem da integração do corpo humano com a áurea e os principais chacras. A aura mostra as ondas mentais da pessoa. A aura brilhante constitui um escudo contra inveja, ciúme, vingança e ódio.

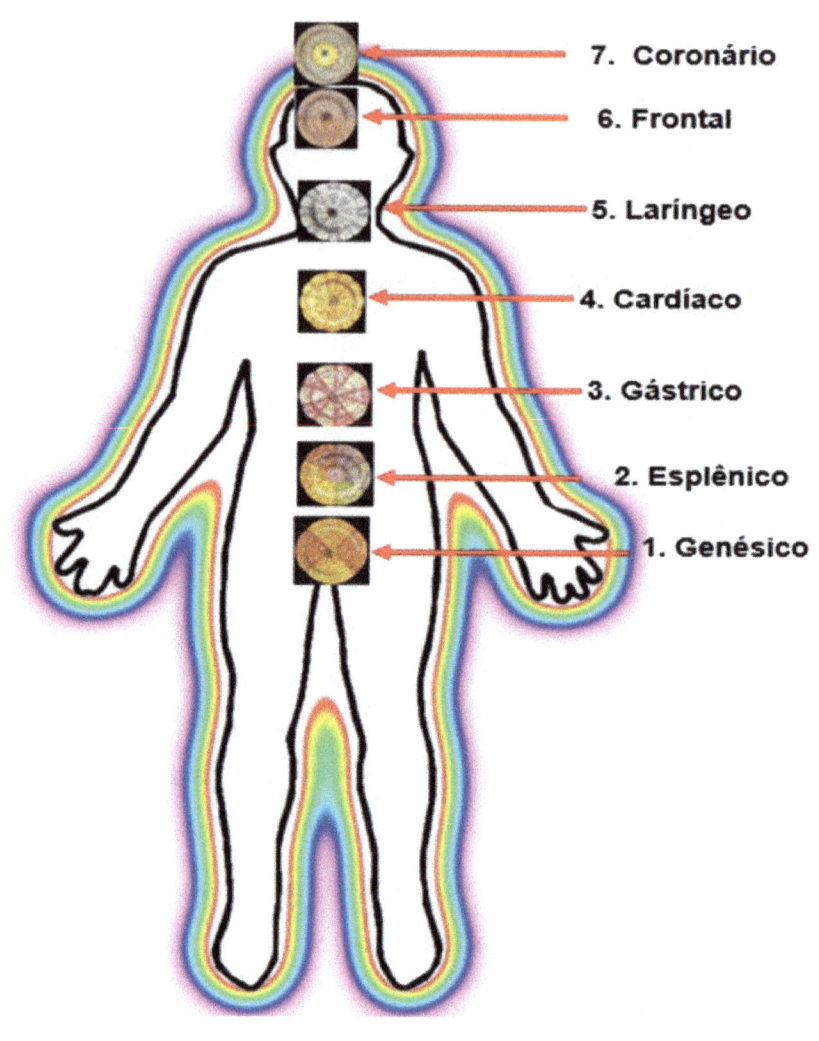

Chacras principais
Fonte: *"The Chakras by photo Kirlian"* – C.W. Leadbeater

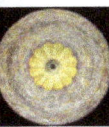
7. *Coronário*
   Ligação: Glândula Pineal
   Conexão: Universo, Espiritualidade. Tem forma de Lotus

6. *Frontal (Terceiro Olho)*
   Ligação: Glândula Hipófise
   Conexão: Intuição, sabedoria, entendimento, visão interior

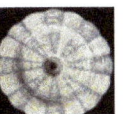
5. *Laríngeo*
   Ligação: Glândulas Tiróides e Paratiróides
   Conexão: Comunicação, auto expressão e julgamento

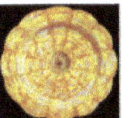
4. *Cardíaco*
   Ligação: Glândula Timo e Coração
   Conexão: Compaixão, amizade, carinho, amor e cura

3. *Gástrico*
   Ligação: Pâncreas (região do Umbigo)
   Conexão: Poder pessoal, ego, crenças, medo e proteção

2. *Esplênico*
   Ligação: Glândulas Suprarrenais e Baço
   Conexão: Criatividade, equilíbrio emocional, sexualidade e relacionamento

1. *Genésico ou Básico*
   Ligação: Glândulas Gonodais (Períneo)
   Conexão: Reprodução, ambição, necessidades físicas e sobrevivência a

Subchacras

Além dos 7 chacras principais, existem 21 subchacras que atuam como sensores do corpo.

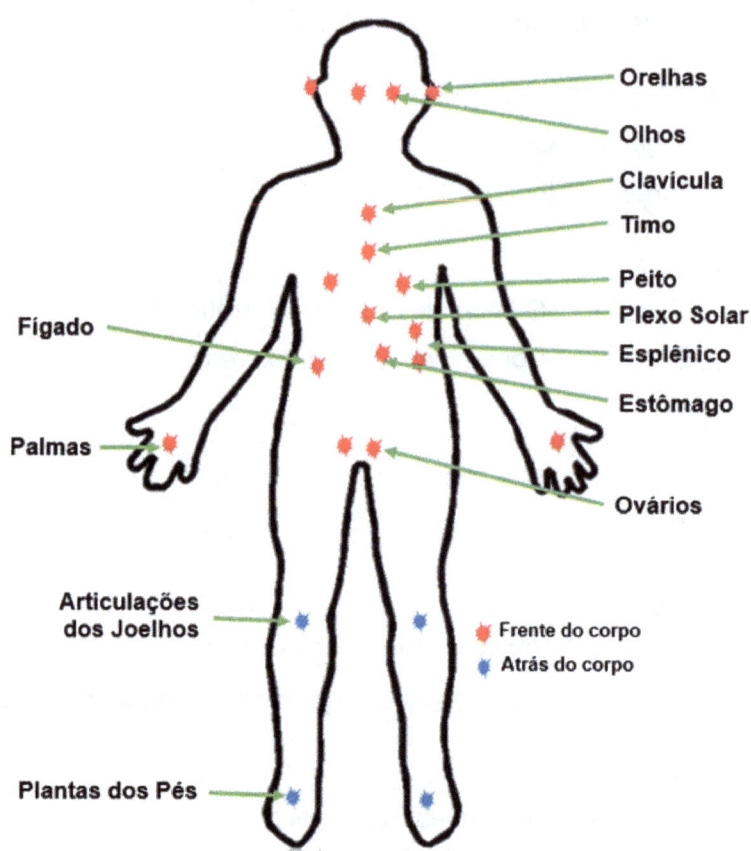

Orelhas. Localizados sobre as maçãs do rosto em frente de cada orelha. Sob forte emoção elas ficam avermelhadas.

Olhos. Atrás de cada olho e são ligados ao Chacra Frontal (3º Olho"). Os olhos são as janelas da alma, sendo o portal entre o mundo exterior e a forma de como sentimos no nosso interior.

Clavícula. Abaixo da garganta onde se encontra a clavícula. Está associado com a traqueia e brônquios.

Timo. Centro do tórax. Relaciona-se com o Chacra Cardíaco e é importante para o sistema imunológico do corpo inteiro.

Peito. Acima de cada mama. Relacionam-se com a nutrição e a responsabilidade do que ingerimos.

Plexo Solar. Relaciona-se com várias glândulas encontradas nesta região do corpo, como o pâncreas.

Esplênico. Existem dois subchacras conectados com o baço. Eles influenciam no equilíbrio de toxinas que entram e as que são liberadas pelo corpo.

Fígado. Vital para a eliminação de toxinas e resíduos. Ele produz as novas químicas necessárias para equilibrar as funções das outras glândulas do sistema endócrino.

Estômago. Relaciona-se com o lado superior e inferior do intestino grosso.

Ovários. Cada ovário ou gônada tem um subchacra que se relacionam com os aspectos emocionais da sexualidade e com o nível de fertilidade.

Palmas. As palmas das mãos são essenciais para a prática da cura. Através delas emitimos e recebemos energia.

Articulações dos joelhos. Nas cavidades de cada articulação atrás dos joelhos. Eles são associados com certos medos como o medo da morte, o medo de mudanças e o medo de perder o controle sobre o ego.

Plantas dos pés. Influenciam o contato com a terra e a conexão com o resto do corpo. Eles recebem as energias que nos mantém firmes. Liberam as energias indesejadas e o lixo emocional.

Para pensar...

1. Você sente sintomas estranhos no corpo, indisposição e dores de cabeça com frequência? Já analisou os motivos?

2. Você tem prestado atenção na energia do seu corpo? O que você faz para manter os seus chacras ativos e saudáveis?

Sintonias

Os seres humanos se conectam com o Universo e com a espiritualidade através do chacra coronário, localizado no alto da cabeça e ligado à glândula pineal. A intensidade de luz emitida pelo coronário é proporcional aos nossos pensamentos positivos.

Através do pensamento conectamos pessoas e demais seres que vivem no planeta ou no mundo espiritual. Mas de que forma os pensamentos se conectam?

Pensamentos são energias magnéticas (fluidos) que se movem no espaço como as ondas de rádio emitindo ondas curtas, médias e longas. No livro *Técnicas da Mediunidade*, Carlos Pastorinho nos ensina sobre os fluidos e sintonias com base nos estudos da Física.

As diferenças entre as ondas são notadas pela distância entre as cristas e a respectiva frequência.

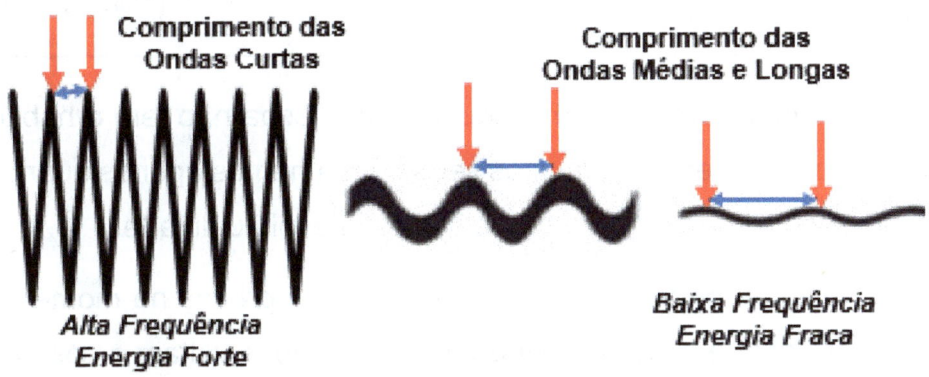

Ondas Curtas
Pensamentos de níveis elevados

Através das ondas curtas emitimos sintonias positivas de gratidão louvor, amor, afeto, etc. Por exemplo, as preces fervorosas que evocam as mais altas camadas da espiritualidade para agradecer, ou para pedi por uma graça.

Ondas Médias e Ondas Longas
Pensamentos de níveis baixos

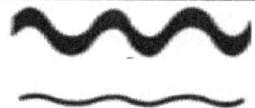

As ondas médias e longas emanam sintonias negativas, ou sem determinação, que acabam circulando ao nível da crosta terrestre. Por exemplo, os pensamentos de vingança, ódio, tristeza, culpa, mágoas ressentimentos, intrigas e comentários maldosos sobre outrem.

Ondas Amortecidas
Pensamentos de níveis variados

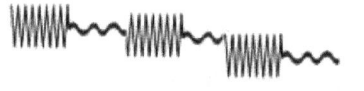

As ondas amortecidas ocorrem quando a pessoa não tem o hábito de pensar positivamente, e eleva os seus pensamentos apenas quando se sente desesperada e quer pedir a ajuda da espiritualidade.

As sintonias de ondas curtas emanadas pelas preces no momento do desespero atingem alta amplitude, mas logo após voltam à costumeira baixa frequência. As orações são meros ruídos e sem efeito determinado. Essas pessoas costumam reclamar que as suas preces não são atendidas.

Bloqueio de sintonias

Ao perceber sintonias indesejáveis nós podemos bloqueá-las emanando sintonias de ondas curtas intensas contra a fonte da sintonia negativa.

Provavelmente você já esteve em algum ambiente que lhe causou arrepio, mal estar, ou dor de cabeça. Isto ocorre quando o ambiente está carregado de energia negativa. Em outra situação análoga, sentimos a cabeça pesada após conversarmos com certas pessoas (tóxicas) que parecem sugar as nossas energias.

O antídoto para esse tipo de mal estar é se afastar da pessoa, ou do local, por alguns instantes. Eleve os seus pensamentos através de preces ou traga cenários positivos para aquele ambiente. Perdoe a todos porque eles não sabem que estão contaminados com tanta energia negativa. O gráfico abaixo ilustra o processo de bloqueio de sintonias.

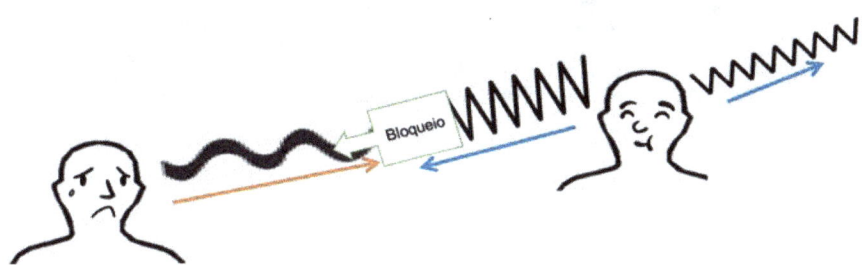

Observando a sintonia através da água

É possível comprovar a sintonia das pessoas através de experimentos utilizando água. Os estudos do Dr. Masaru Emoto (1943-2014) cientista japonês, comprovam que as moléculas de água são alteradas pelas vibrações emanadas através dos nossos pensamentos e sentimentos.

O livro "*A Mensagem da Água*" traz fotos interessantes das moléculas de água que foram congeladas após terem sido submetidas a situações diversas durante os experimentos do Dr. Emoto.

Como exemplo, reproduzimos estas duas fotos A foto da esqierda monstra a beleza da água submetida a mensagens positivas de gratidão. Em contrapartida, a foto da direita mostra a molécula de água submetida a mensagens de ódio.

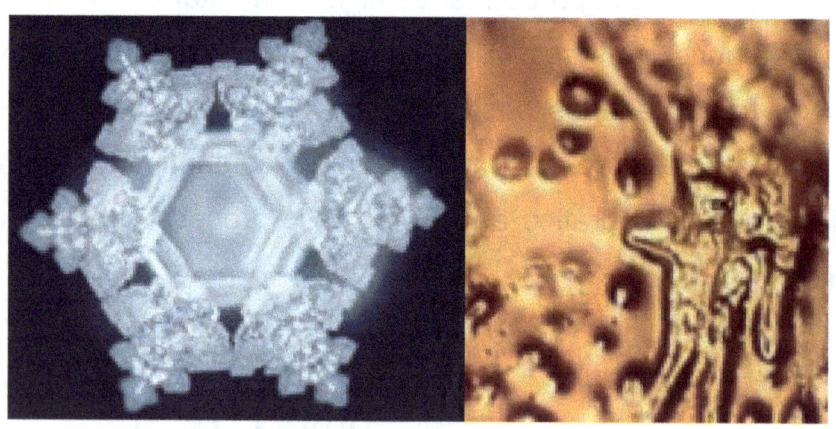

O Dr. Emoto ganhou respeito por provar que os pensamentos humanos podem influenciar as moléculas de água, apesar do ceticismo da comunidade científica.

O experimento que chama a atenção é este que podemos fazer em casa e verificar os resultados sem uso de equipamentos sofisticados. O Dr. Emoto utilizou-se de três vasilhas contendo água e grãos de arroz cozidos.

Cada vasilha recebeu uma etiqueta com os seguintes dizeres "I Love You" (Eu te amo), "I Hate You" (Eu te odeio) e outra em branco (sem menção).

Durante algumas semanas ele dirigiu a sua atenção para cada vasilha e reproduzia através de palavras, sentimentos e gestos o que estava escrito na respectiva etiqueta. Os resultados foram os seguintes:

Vasilha	Estado dos grãos
"I Love You" (Eu te amo)	Fermentação natural
"I Hate You" (Eu te odeio)	Embolorados
Etiqueta em branco (Indiferença)	Escuros

Esse experimento traz os seguintes conhecimentos:

1. As moléculas de água são boas condutoras de energia.

2. As vibrações positivas e negativas são compostas de pensamentos, sentimentos e gestos. Elas podem ser dirigidas

tanto a nós mesmos quanto para outras pessoas, animais e plantas.

3. Vibrações transmitidas por repetição constante promovem tanto o bem estar quanto a doença.

4. O corpo humano retém cerca de 70% de água e forma um ambiente propício para absorver vibrações através dos chacras e órgãos sensíveis.

Portanto, podemos concluir que as mensagens, atitudes e vibrações externas que recebemos diariamente podem nos trazer tanto energias saudáveis quanto danos para a mente e corpo. Elas afetam a nossa maneira de pensar. Por exemplo:

a. Mensagens que trazem o bem estar:
Saudações, preces, fraterno abraço, uma palavra amiga, acolhimento, frases positivas.

b. Mensagens que causam danos:
Gritaria, rudeza, aspereza, xingamentos, música em alto volume, barulho excessivo, críticas inconsistentes e fofoca.

Para pensar...

1. Qual o tipo de sintonia que você mais utiliza durante o dia?

2. Você se sente confortável utilizando essa sintonia na maioria das vezes? Por quê?

3. Se possível, faça o experimento com grãos de arroz cozidos mencionado acima. Verifique o resultado das suas palavras e sentimentos.

4. Descreva o possível efeito de mensagem carinhosa numa criança. E se essa mesma mensagem tiver um tom de rudeza?

6. Doenças Psicossomáticas

Doenças psicossomáticas são desordens emocionais que afetam o funcionamento dos órgãos do corpo físico. Todas as camadas do corpo humano, do esqueleto aos chacras, contêm sistemas e órgãos sensíveis que são magnetizados através dos fluidos. Estes últimos apresentam sensibilidade sutil.

O mecanismo das emoções e sentimentos tem origem na cabeça que possui glândulas importantes para a interação com o restante do corpo.

- ✓ Sentimentos positivos trazem sensações satisfação, prazer e bem-estar
- ✓ Sentimentos negativos trazem sensações de incômodo e mal estar

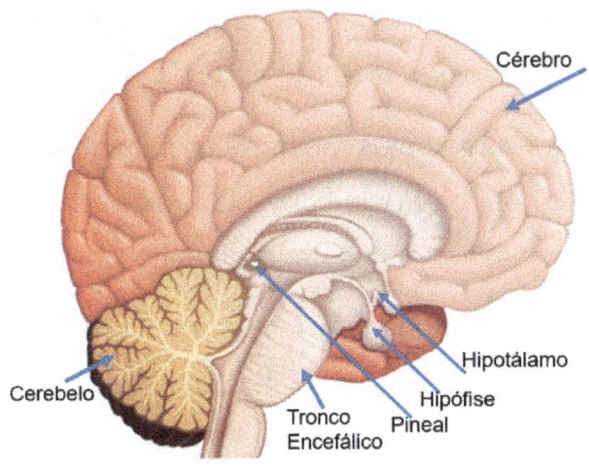

Hipotálamo. Produz os hormônios que são lançados no sangue e na hipófise. Liga os sistemas endócrino e nervoso sintetizando a secreção de neuro hormônios. Regula a temperatura do corpo, as sensações de fome e sede, o sono e o comportamento emocional.

Hipófise. Localizada abaixo do hipotálamo. Produz hormônios importantes para o controle de outras glândulas e manutenção dos órgãos do corpo. Esses hormônios atuam na pele, nos ossos, nos músculos, na suprarrenal, nas glândulas mamárias, nos rins, nos ovários, nos testículos e na tireóide.

Glândula Pineal. Localizada no centro do cérebro, tem forma de pinha na cor cinza avermelhada, do tamanho de um grão de ervilha (adulto = 5 a 8 mm). Através da pineal conectamos a nossa estrutura biológica do corpo com o Universo.

A pineal influencia diretamente os sistemas endócrino e nervoso. Ela é ligada à mente através de campos magnéticos e ao sistema nervoso pelo envio de comandos ao resto do corpo.

Essa glândula é formada pelos mesmos cristais de apatita encontrados nas retinas dos olhos, os quais convertem as ondas eletromagnéticas do mundo externo em estímulos neuroquímicos captados pelo cérebro.

A pineal produz a melatonina que é o hormônio regulador do sono em função da iluminação recebida através dos olhos.

Neurônios. Localizados no cérebro, eles são constituídos de células nervosas responsáveis pela propagação (transmissão) dos impulsos nervosos. Eles também sintetizam substâncias (neurotransmissores) que são excretadas pelas extremidades dos axônios. Os neurotransmissores estimulam outros neurônios e células.

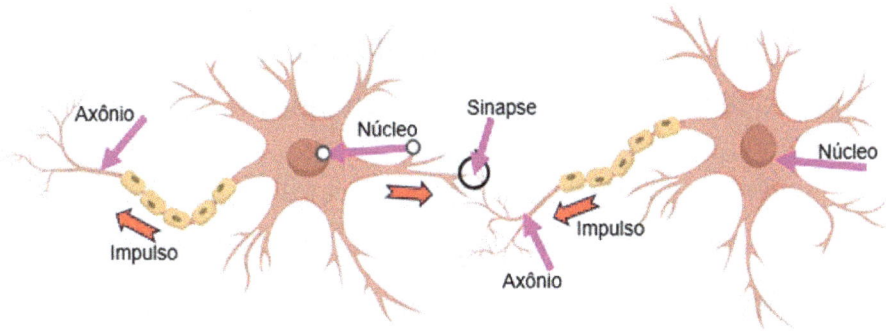

Fonte: Google Picture Free

O ser humano adulto possui cerca de 85 bilhões de neurônios. As mensagens fortes e recebidas sistematicamente formam os hábitos resultando nos caminhos permanentes transmitidos entre neurônios através de reação físico-química.

Os axônios se conectam através das *sinapses* que são as regiões de contato entre neurônios. Os neurotransmissores transferem os impulsos nervosos nas sinapses através de substâncias químicas e armazenadas nas bolsas existentes nas extremidades dos axônios.

As doenças psicossomáticas refletem no corpo físico o sofrimento emocional ou psicológico. O termo "psicossomático" é originado do grego juntando-se as palavras *psique* (alma) e *soma* (corpo).

Exemplificando, os traumas, a violência psicológica, o estresse, o bullying e a autocobrança de resultados afetam a saúde psíquica e provocam as doenças psicossomáticas.

Os sofrimentos morais intensos são demonstrados através de aflição, inquietação, amargura, angústia e agonia.

    a. A angústia reflete a grande aflição da alma ligada a uma sensação interna de desespero em relação a alguém ou algo.

    b. A ansiedade é um estado emocional frente ao futuro incerto no qual a pessoa assume um sofrimento físico e psíquico com sensação de medo e de receio.

    c. A culpa é a consciência penosa por ter falhado no cumprimento de uma norma social ou moral. É a responsabilidade por algo condenável ou danoso causado a outrem.

    d. A mágoa é a tristeza recolhida revelada na fisionomia pelo pesar, amargura e desgosto. Ela é consequência do ressentimento causado por uma ofensa ou desconsideração.

    e. A zanga é o estado de ânimo caracterizado por irritabilidade e mau humor. Sentimento forte de hostilidade ou antipatia em relação a uma pessoa ou coisa. Irritação extrema que demonstra comportamento violento, cólera, fúria e ira, motivado pelo ódio e raiva causados pelo desentendimento entre duas ou mais pessoas por discórdia.

Os sintomas mais comuns de instabilidade emocional são a ansiedade, as dores, a irritabilidade, as alterações do apetite, a fadiga, a fraqueza, as diarreias e náuseas, a falta de ar, a taquicardia, as coceiras, a tristeza, as erupções cutâneas e a insônia.

As doenças psicossomáticas comuns que se materializam no corpo são:

- Enxaqueca – dor de cabeça intensa acompanhada de vômitos, náuseas e sensibilidade à luz.

- Gastrite – inflamação do revestimento interno do estômago.

- Distúrbio gastrointestinal com dores abdominais, diarreia constante e constipação.

- Doenças na pele: coceira, vermelhidão, descamação e erupções cutâneas.

- Dores musculares e nas articulações sem causa aparente.

- Impotência sexual devido a fatores psicológicos.

- Alguns tipos de câncer.

Assim o "corpo fala e escreve!". A maneira de expressar sentimentos depende das experiências de vida e do contexto que a pessoa está vivenciando. Utilizando de uma pequena folha podemos entender como as doenças psicossomáticas se materializam nos órgãos do corpo.

Suponhamos que ao nascer a nossa alma esteja limpa e saudável como uma folhinha verde.

Com o passar dos anos, passamos por diversas provas que geram sofrimentos morais intensos.

Assim, surgem a angústia, a ansiedade, a culpa, a mágoa e a zanga.

Essas dores impressionam a alma, como fungos que se estabelecem numa folha. Assim, a alma começa a adoecer.

Como a alma é ligada ao corpo físico, esses "fungos da alma" influenciam os órgãos do corpo, aparecendo as doenças psicossomáticas, tais como:

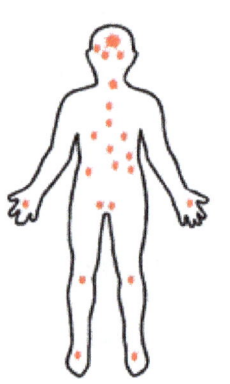

Enxaqueca, gastrite, distúrbios gastrointestinais, doenças na pele, dores musculares, impotência sexual e alguns tipos de câncer.

Tomando a medicina chinesa como exemplo, complementamos o entendimento sobre o relacionamento entre os sentimentos e órgãos:

Sentimento (emoção)	Órgão afetado
Alegria, euforia	Coração
Tristeza, melancolia, depressão	Pulmão
Medo, pânico	Rins
Preocupação, ideias fixas	Baço

Raiva, agressividade, frustração	Fígado

Em seu livro "Cure o seu Corpo" (Heal Your Body), Louise Hay descreve uma lista de doenças que podem ter causa mental. Livro interessante e recomendado. Ela descreve cada doença seguida da causa provável e do novo padrão de pensamento para imprimir nos neurônios os novos caminhos saudáveis.

Por exemplo, a seguir estão reproduzidos alguns tipos de doenças da lista de Louise Hay. A repetição de pensamentos positivos pode prover a cura de muitos males.

Problemas com envelhecimento

Causa provável:	Crenças sociais, pensamentos ultrapassados, medo de ser você mesmo. Rejeição do momento atual.
Novo pensamento:	Eu me amo e me aceito em todas as idades. Cada momento da vida é perfeito.

Alcoolismo

Causa provável:	Sentimento de futilidade, culpa, inadequação. Auto rejeição.
Novo pensamento:	Eu vivo no agora. Cada momento é novo. Eu adoro a minha autoestima. Eu me amo e me aprovo.

Ansiedade

Causa provável:	Não confiar no fluxo e no processo da vida.
Novo pensamento:	Eu me amo e me aprovo e confio no processo da vida. Eu estou seguro.

Câncer

Causa provável: Dor profunda. Ressentimento de longa data. Segredo profundo e tristeza corroendo a si mesmo. Carregando raiva e ódios.

Novo pensamento: Eu amorosamente perdoo e liberto todo o passado. Eu escolho encher meu mundo de alegria. Eu me amo e me aprovo.

Cólicas

Causa provável: Tensão. Temor. Agarrando, segurando.

Novo pensamento: Eu relaxo e permito que minha mente fique em paz.

Depressão

Causa provável: Raiva que você sente por não possuir algo. Desesperança.

Novo pensamento: Agora vou além dos medos e limitações das outras pessoas. Eu cuido da minha vida.

Dores de cabeça

Causa provável: Invalidando a si mesmo. Autocrítica. Temor.

Novo pensamento: Eu me amo e me aprovo. Vejo a mim mesmo e o que faço com olhos de amor. Eu estou seguro.

O capítulo Auto Perdão traz os conhecimentos para aliviar as dores da alma e do corpo.

Tratamentos holísticos

Holismo (grego holos = "inteiro")

Em 1926, Jan Smuts (África do Sul) criou esse termo no seu livro *Holismo e Evolução*.

"A tendência da Natureza através da evolução criativa, é a de formar qualquer "todo" como sendo maior do que a soma das partes."

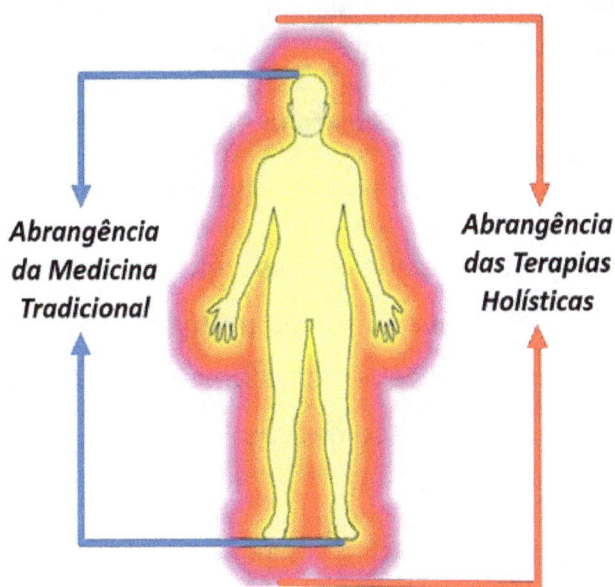

Princípios da Terapia Holística:

    a. Abordar o problema como um todo e não através de uma visão fragmentada.

b. Os elementos emocional, mental, espiritual e físico formam um sistema.

c. Concentrar-se tanto na causa como nos sintomas da doença.

Em pesquisa recente encontrei cerca de 110 tipos de terapias holísticas, incluindo estas mais conhecidas:

Acupuntura	Apometria	Aromaterapia
Ayurveda	Benzedura	Biodança
Cromoterapia	Cura Quântica	Fitoterapia
Healing Touch	Hipnoterapia	Homeopatia
Ho'Oponopono	Massagem	Medicina Antroposófica
Medicina Chinesa	Medicina Natural	Meditação
Passe Espiritual	Reflexologia	Reiki
Relaxamento	Shiatsu	Tai Chi
Terapia Holística	Terapia Nutricional	Terapia Ocupacional
Tratamento Espiritual	Yoga	

Devido ao avanço das ciências, as terapias holísticas existentes tendem a ser aperfeiçoadas, e novos métodos surgirão nos próximos anos. Os seres humanos receberão tratamentos muito específicos para curar as suas doenças psicossomáticas.

Para pensar...

1. Você já passou por situações de violência psicológica, estresse ou bullying? Conseguiu superar esses traumas?

2. Você sofre de aflição, amargura, angústia, agonia ou inquietação? Em caso positivo, já procurou ajuda?

Parte III

O Ciclo do Perdão

7. Evolução moral

A evolução do ser humano se dá através do esforço para superar com inteligência os desafios dos problemas que surgem durante a vida.

Muitas pessoas vivem lamentando ser incapazes de minimizar as suas dores. Infelizmente, elas permanecem estagnadas nas suas zonas de conforto e retardam o processo evolutivo individual.

As provações que passamos durante a vida servem para que possamos nos desenvolver e evoluir moralmente. Elas devem ser entendidas como meios de aperfeiçoamento. A superação requer esforço consciente alimentado pela vontade de melhorar e pelo exercício da capacidade intelectual.

Quando nos esforçamos para mudar hábitos e atitudes, ganhamos novos conhecimentos que adicionamos ao nosso entendimento existente. Portanto, mudanças de atitudes são benéficas porque fornecem maior poder de discernimento e superação.

Dessa maneira, evoluímos assumindo os desafios da vida. Ao tomar consciência dos hábitos ruins e se esforçando para superá-los, o resultado é largamente compensado pelos benefícios do progresso moral.

Assumimos posições antagônicas com certa intensidade e proporcionais aos nossos respectivos estágios de evolução. Ora somos ofensores e ora somos vítimas dos outros. Essas disputas fazem parte da vida. Ofensores e vítimas carregam algo em comum, ou seja, as dores que precisam ser aliviadas para continuar vivendo em paz.

O esquecimento total das ofensas é utopia e não adianta forçar a mente para apagá-las. A memória guarda os eventos que produzem fortes emoções. A lembrança desses fatos desagradáveis tem por finalidade evitar erros semelhantes no presente, ou que poderão acontecer no futuro.

Quando cometemos uma falta sentimos a "consciência pesada" por termos causado um dano a outrem, ou mesmo por termos transgredido uma regra social ou religiosa. De imediato surge a sensação de arrependimento e, também, o desejo de livrar-se da culpa através do simples "pedido de desculpas" que nem sempre é a solução.

Pedir perdão é a forma responsável de aliviar essa sensação dolorosa obtendo a misericórdia diante da falta cometida. Perdoar implica em consertar o erro e mudar hábitos.

Por outro lado, quando somos ofendidos por outras pessoas nos colocamos na posição de vítimas e queremos que elas nos peçam perdão.

Capacidade de perdoar

É comum ouvirmos pessoas dizendo que não conseguem perdoar outrem ou grupo de pessoas por alguma desavença ou situação desagradável que tenha ocorrido.

Essa dificuldade de perdoar é reflexo das fraquezas humanas, tais como:

- Limitação da capacidade mental, emocional e espiritual

- Dificuldade para identificar e reconhecer as próprias limitações

- Reação contra mudanças porque demandam esforço pessoal

- Desejo de que os outros resolvam os seus problemas pessoais

- Permanência na posição "confortável" de vítima

Essas características bloqueiam a ação da alma no campo mental, induzindo as pessoas a se voltarem para as coisas materiais que possam trazer alívio imediato para os seus sofrimentos. Como resultado, as superações das suas dores acabam sendo postergadas.

O perdão é um dos componentes do grupo dos sentimentos bons, onde também estão incluídas a humildade, a liberdade, a aceitação, a compaixão, o desapego e a sabedoria.

A superação tem como base o perdão, cuja capacidade de perdoar depende da gravidade da ofensa e do grau de evolução moral do ofensor e da vítima.

Benefícios do perdão

a. Promove a libertação das aflições.

b. Ajuda no tratamento de transtornos psicológicos.

c. Cura memórias de experiências dolorosas.

d. Desintoxica os sentimentos de culpa, medo, mágoa, melindres, raiva, frustração e ansiedade.

e. Ajuda a identificar hábitos ruins ou inadequados.

f. Ajuda a descobrir os motivos que nos levam a desempenhar tanto os papéis de ofensores quanto de ofendidos (vítimas).

Reafirmando o que disse na Introdução, depois de anos adotando os conhecimentos da prática do perdão fui notando melhoras gradativas na qualidade de vida. Como os resultados têm sido satisfatórios para mim, decidi trazer estes conhecimentos neste livro com a seguinte proposta:

a. Abordar o perdão sob o âmbito da saúde física e mental.

b. Ajudar as pessoas a adotarem a prática do perdão para reduzir os seus sofrimentos.

c. Trazer conhecimentos para que qualquer pessoa, independente de religião, do grau de instrução, ou credo, possa se aperfeiçoar individualmente.

d. Oferecer o caminho de como perdoar de maneira objetiva através do *Ciclo do Perdão*.

Para pensar...

"As mentes que buscam vingança destroem Estados, enquanto aquelas que buscam reconciliação constroem nações.

Ao sair pela porta da minha liberdade, eu sabia que se não deixasse para trás toda a raiva, o ódio e o ressentimento, ainda seria um prisioneiro."

- Nelson Mandela

(liberto após 27 anos na prisão por motivos políticos)

8. Componentes do Ciclo do Perdão

Os conhecimentos adquiridos nas partes anteriores são úteis para a prática do Ciclo do Perdão.

O processo de perdoar proposto assemelha-se à conhecida figura do caracol. Partindo-se do centro, onde o evento gerador do conflito ocorreu, as ideias e atitudes vão maturando ao longo do tempo.

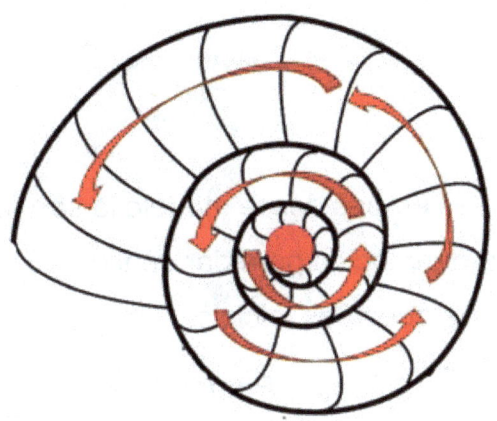

Permanecer ruminando maus pensamentos é como estar num cativeiro onde não se consegue encontrar a saída.

Para viver em paz, deve-se procurar sempre a reconciliação consigo mesmo e com as pessoas envolvidas no incidente indesejável.

O "Ciclo do Perdão", representado na figura abaixo, facilita alcançar a reconciliação. Ele trata o processo de evolução consciente numa sequência de poucas etapas que favorecem a pessoa livrar-se do cativeiro de maus pensamentos e sentimentos.

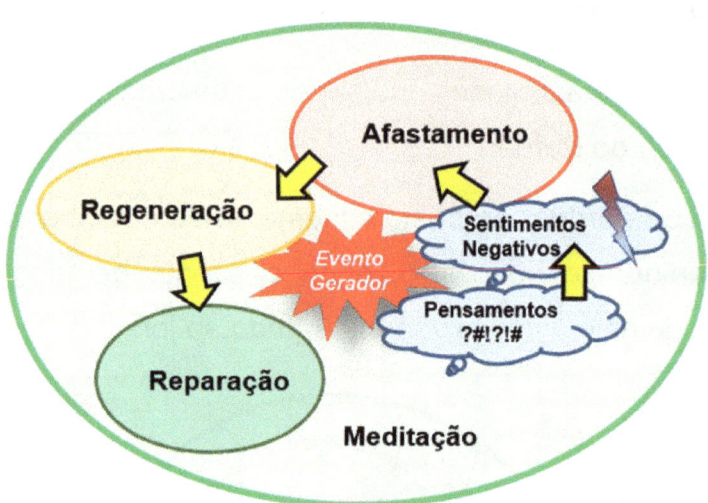

As denominações das etapas desse modelo já são conhecidas. Faltava juntá-las em uma ordem lógica para dar sentido ao objetivo pretendido ou seja, responder às questões iniciais:

"Como Perdoar?" e

"Quais são os passos para perdoar?"

Esse modelo serve para situações em que assumimos tanto a posição de ofensores quanto de vítimas. Afinal, em algum momento da vida, os ofensores também se arrependem e desejam perdoar as suas vítimas.

É natural rejeitarmos qualquer tipo de conflito quando somos envolvidos. Ficamos amargurados, raivosos, frustrados e pensamentos sombrios surgem na mente. Dependendo da gravidade do problema, as emoções sentimentais são afetadas com mais intensidade pela situação negativa do momento.

Componentes

1. Evento Gerador. É a causa do conflito que pode ter acontecido por tentações materiais, ou por forte impulso que instigou uma das partes a praticar o mal ou iniciar a desavença, a discórdia ou incidente.

2. Afastamento. Distanciamento físico e psíquico do ofensor, do ofendido e da cena desagradável. Pode produzir o arrependimento tanto para o causador do evento gerador quanto para a pessoa que se sente ofendida.

3. Regeneração. Configura os sofrimentos físicos e morais demandando mudança de hábitos e atitudes.

4. Reparação: Minimiza os efeitos do evento gerador do problema através da retratação a alguém por injúria, danos e desculpa sincera.

5. A *Meditação* é a chave para reunir todos os componentes. Ela acompanha todo o processo até que ocorra o perdão e a cura do sofrimento, seja pela ofensa ou por ter sido vítima de uma situação.

Estes componentes interagem entre si de forma evolutiva com o objetivo de substituir os sofrimentos por mudanças de atitudes positivas.

Ao longo da vida nos deparamos com vários eventos geradores de sofrimentos. O "Ciclo do Perdão" deve ser aplicado para cada evento, tanto para aqueles ocorridos no passado quanto para os atuais.

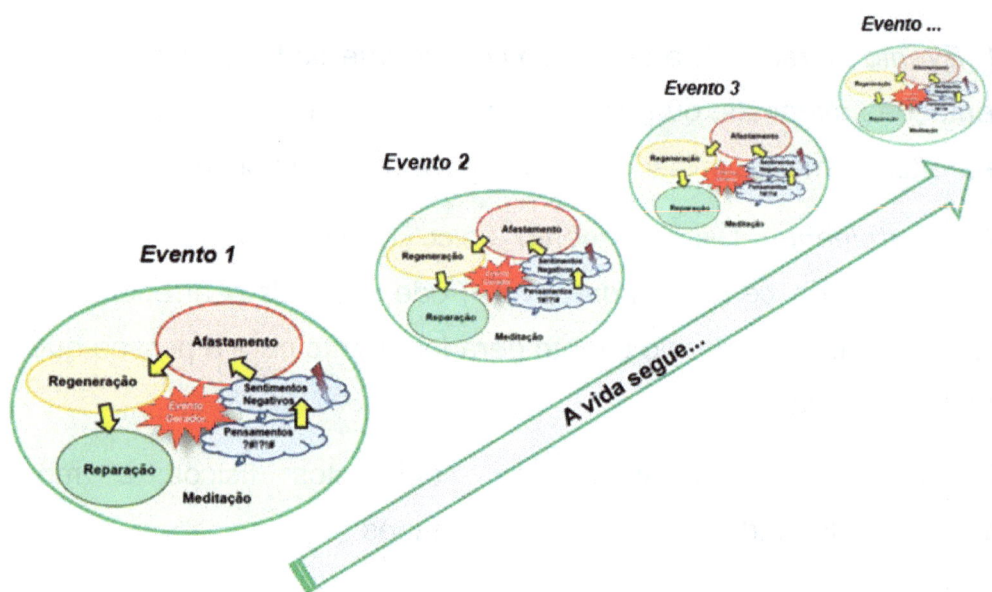

Com a experiência adquire-se mais conhecimentos sobre as causas que originaram os conflitos anteriores, bem como a maneira de lidar com cada caso. Os eventos não se apagam da memória justamente para evitarmos que outros casos semelhantes possam ocorrer novamente.

Essa é a linha de pensamento que minimiza o sofrimento.

9. Evento Gerador e Afastamento

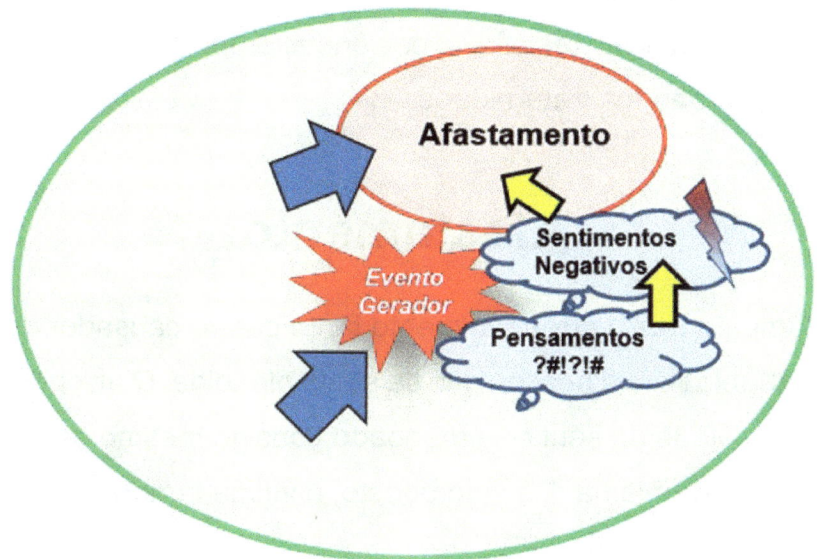

Evento Gerador

Tentações materiais (ambição) ou impulsos poderosos que instiguem uma pessoa a agir maliciosamente em relação a outra pessoa, ou grupo de pessoas, são os eventos que geram um conflito.

O ato é realizado através de estímulo ou força (ímpeto) que provoca o movimento interior da vontade irresistível de agir mesmo de forma descontrolada e irrefletida contra outrem. Por exemplo, o sentimento dos ciúmes, o assédio sexual.

Impulsos e tentações são inerentes ao ser humano e, normalmente, são praticados com má intenção gerando problemas que se transformam em provas para serem superadas.

Para minimizar impulsos e tentações é imprescindível manter o bom ânimo, a coragem de resistir, a paciência, a fé, a humildade, a boa vontade, o perdão e a fraternidade.

Afastamento

O Afastamento traz o arrependimento tanto para o causador do evento gerador quanto para a pessoa que se sente ofendida. O arrependimento favorece o estado de sentir-se magoado consigo mesmo pela culpa de ter causado o problema. Do lado oposto, a vítima também se sente mal com a situação ocorrida.

Este componente visa promover o afastamento psíquico e físico (se possível) do ofensor, do ofendido e da cena desagradável do momento em que o evento gerador ocorreu. Por exemplo, discussão, briga, desavença, discórdia, rudeza.

Para minimizar a conexão mental entre o ofensor e a vítima, torna-se necessário distanciá-los. Normalmente, as pessoas estabelecem essa conexão por meio de *"diálogos mentais"* que pulsam com frequência da mente inconsciente e transmitem os sentimentos de ódio, tristeza, vingança, ressentimento e mágoa.

O ato de afastar-se psiquicamente dá espaço para a mente consciente exercer os poderes do pensamento para criar alternativas para a vida. Desconectar-se do problema significa deixar de se alimentar com "*achismos de como deveria ter acontecido*", e emoções negativas. Em suma, deixamos de vibrar nossas mentes na mesma sintonia e direção dos outros, retornando ao contato vital íntimo. Esta é a atitude positiva para deixar a posição de vítima.

Tendo em mente que o esforço de superação visa preservar a saúde, torna-se necessário habituar-se a pensar em algo positivo. É uma medida saudável para desligar a sintonia com fatos e pessoas desagradáveis (*tóxicas*). As técnicas abaixo descritas podem ajudar a suavizar as amarguras da mente.

1. *Escrever em detalhes um texto confidencial.*

    Descreva o fato gerador e as atitudes das pessoas envolvidas naquele momento.

    O ato de escrever nos leva a refletir o ocorrido em mais detalhes. Como resultado, suaviza a mente e o coração dos sentimentos negativos. Após refletir sobre o texto, o mesmo deve ser destruído completamente. Use esta técnica quando a mente se sentir sobrecarregada por memórias problemáticas.

2. *Cortar a sintonia com o ofensor ou ofendido.*

    Quando lembrar do evento ocorrido, procure desapegar-se dele focando o pensamento na atividade que estiver sendo executada no momento. Isto significa manter a mente ocupada com algo úti(l) e seguro. É difícil, mas não é impossível.

A prática da concentração ajuda você a se auto treinar e corta(r) sintonias que estejam atrapalhando a sua vida diária. A concentração implica em manter pensamentos de níveis elevados através da frequência de ondas curtas (Capítulo 5, sub título Sintonias).

3. *Refletir sobre o que motiva comportamentos agressivos.*

Pode ser que você descubra como contribuiu para que o evento desagradável acontecesse. Esta reflexão é importante para identificar e melhorar os seus hábitos e atitudes.

Para o ofensor, a reflexão leva ao arrependimento que é o sentimento de remorso, uma peça fundamental na tomada de consciência da falta cometida. Arrepender-se é sentir-se magoado consigo mesmo pelo erro cometido, ou lamentar as atitudes negativas praticadas.

Para a vítima, o remorso também induz ao arrependimento por ter despendido energia e sofrido por um suposto motivo que causou o evento gerador, mesmo que tenha sido vítima de uma situação inusitada.

O sentimento de misericórdia é composto pelo perdão e pelo esquecimento da ofensa. A misericórdia eleva a alma e ajuda a abrandar as emoções negativas na relação ofensor e vítima.

Ao decidir perdoar alguém, tenha em mente que o perdão deve ser formulado e praticado de maneira humilde, sem agressividade, com o coração e generosidade. O perdão é um ato de benevolência e não implica no estabelecimento de condições humilhantes para a outra parte. Sem generosidade de ambas as partes a reconciliação torna-se muito difícil de ser estabelecida.

No cristianismo e no judaísmo, o arrependimento equivale à rejeição de um comportamento ruim e a consequente intenção de não mais praticá-lo. Este pesar leva a pessoa a desejar mudar as suas atitudes.

Para pensar...

1. *Qual o benefício do afastamento depois de uma desavença?*

2. *Descreva as técnicas que podem ser utilizadas para desconectar-se com o evento ocorrido.*

10. Regeneração

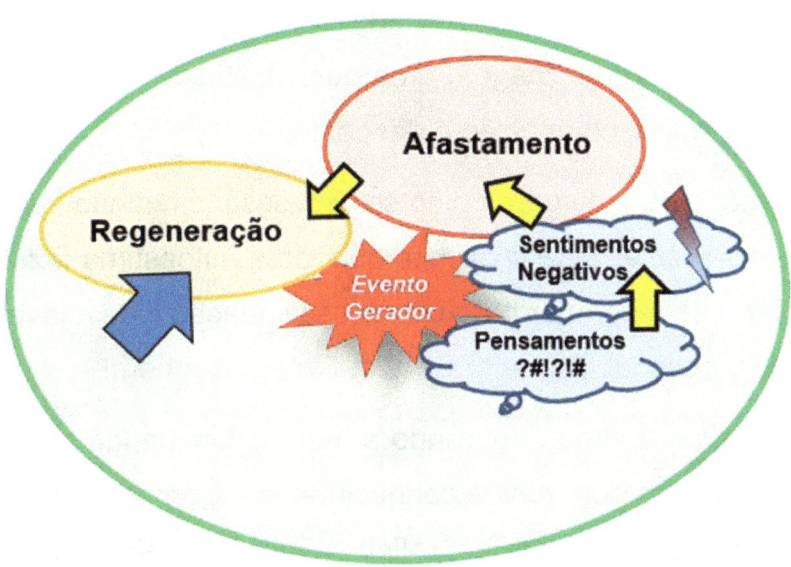

A Regeneração configura os sofrimentos físicos e morais, equivalente a uma penitência para abrandar a culpa. Os textos sagrados relatam séries de sacrifícios expiatórios para demonstrar o arrependimento por atos impróprios cometidos.

Esta etapa demanda mais tempo, esforço, e mudança de hábitos e comportamentos inadequados que contribuíram para o evento que o gerou ou se repetiu.

Os valores humanos são reconhecidos pelos esforços de aceitação e de transformação dos seus hábitos ruins em bons e, também, pelo respeito dos seus limites e das outras pessoas.

O arrependimento das faltas através da palavra ou da promessa não é suficiente. O arrependimento verdadeiro trabalha com os sentimentos profundos, tais como a mágoa, amargura, tristeza, zanga, ansiedade, angustia, pena, dó, compaixão e desgosto.

Aquele cenário de amargura como se estivesse chegando "ao fundo do poço" vem à mente. Este é o limite quando a autoestima faz a pessoa se levantar e se recompor para sair dessa situação indesejável através da evolução pessoal. O que seria ruim tornar-se-á bom!

Educar é evoluir a alma depurando a mente, iluminando a inteligência e enriquecendo-se com novos conhecimentos. Compreende revisar as próprias atitudes diante da vida, refletir como interpretar o ambiente em que vive e, por fim, adotar posturas renovadoras e construtivas.

Tornar-se consciente

Um dos pilares da renovação é a tomada de consciência do evento gerador do problema. A consciência é a faculdade da razão em julgar os próprios atos com sinceridade. Ela traz o sentimento de remorso e honradez. Através da consciência nós pensamos, observamos e interagimos com o mundo exterior.

A consciência define o atributo que transita entre a razão e a sensibilidade (*Cabeça-Coração*). É a voz secreta da alma que habita no nosso interior e que nos orienta para o caminho do bem, com base na compaixão e na prática do amor.

"Estar consciente" é fazer o uso da razão ou da capacidade de raciocinar para processar os fatos vivenciados, sendo capaz de pensar e ter ciência das ações físicas e mentais.

Por outro lado, *"ser consciente"* deixa de ser um estado momentâneo da existência, referindo-se à nossa maneira de existir no mundo. O estado consciente relaciona-se com a forma de como conduzimos as nossas vidas e tem conexão com as ligações emocionais que estabelecemos com as pessoas e as coisas no dia a dia, como a nossa capacidade de amar.

A vontade de *"querer tornar-se consciente"* da realidade é o ponto fundamental. Muitas pessoas vivem sem sentir a realidade da vida que estão vivendo. Elas sobrevivem sem determinação própria, são dependentes e influenciadas por outras pessoas. Em suma, elas não são donas das suas casas mentais e isto afeta o livre-arbítrio e o progresso individual.

Mudança de hábitos e atitudes

Com base no Michaelis Dicionário Brasileiro da Língua Portuguesa, entendemos que hábito é a forma costumeira de ser ou de agir, enquanto os sentimentos tóxicos são atitudes mentais que levam o indivíduo compulsoriamente à subjugação de aditivos, pessoas e situações.

Pais e adultos devem evitar incutir mensagens negativas nas crianças pois as mensagens enganosas e o medo bloqueiam o desenvolvimento delas. O senso de autonomia e de independência é afetado e continua prejudicando na fase adulta.

Adultos indecisos, inseguros e medrosos acabam tendo mais chances de obter hábitos ruins, vícios e manias como consequência do medo de assumir o controle da própria vida e da responsabilidade pelos seus atos e atitudes. Assim, pode-se deslumbrar pessoas adultas dotadas de atitudes inseguras e preconceituosas, tais como:

* Uso abusivo de álcool, sexo, nicotina, drogas e jogos de azar como compensações momentâneas da alma frágil e desestruturada.

* A gula, ou sentimento tóxico por comer, tornando-se uma "opção de fuga".

* Mania de falar descontroladamente, mentir constantemente e posicionar-se frequentemente como vítima, achar-se sempre certo, gastar sem necessidade, criticar, julgar os outros e trabalhar descontroladamente.

Desativando hábitos nocivos

Para iniciar esse desafio devemos considerar que os vícios sentimentos tóxicos e hábitos ruins não são *pecados*. Eles são transtornos compulsivos e as ciências têm desvendado os respectivos mecanismos e as soluções. Além disso, eles servem como meios para superarmos as nossas provações cujos desafios nos tornam melhores.

Precisamos questionar sempre sobre as nossas atitudes. Por exemplo:

* Questionar os próprios hábitos.
* Tomar decisões por si mesmo a fim de minimizar a interferência de opiniões alheias.
* Combater a tendência de ser "bonzinho".
* Estimular a habilidade de dizer *"não"* para desenvolver o senso de autonomia.
* Eliminar relações de super dependência para não se sentir sufocado.
* Criar padrões de comportamentos positivos para situações da vida.
* Exercer o livre-arbítrio como ser humano liberto e responsável pelos seus atos e pensamentos.
* Desenvolver o autoconhecimento cujo benefício é aceitar as suas atitudes "inadequadas" e melhorá-las.

Sabemos que os hábitos são impressos fisicamente nos neurônios através de mensagens fortes e recebidas sistematicamente. Os neurônios se habituam com essas impressões e acabam formando um caminho permanente que é transmitido de neurônio a neurônio.

O gráfico abaixo mostra o ciclo do hábito. O transtorno compulsivo (*gatilho*) leva à execução de algo costumeiro. Após o disparo a pessoa toma a atitude de executar o hábito, e em sequida sente-se recompensada (alívio).

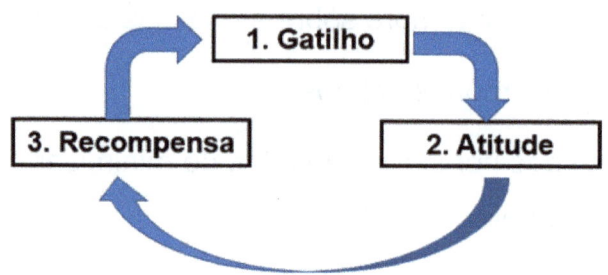

Para desativar essas impressões mentais é necessário manter a postura proativa e disciplinada da seguinte forma:

    a. Perceber e identificar hábitos negativos.

    b. Entender cada hábito através da análise profunda, procurando descobrir se ele está associado a algum outro fator.

    c. Descrever novas atitudes e compensações desejadas.

    d. Memorizá-las.

Mudança de hábitos é uma tarefa difícil de realizar, mas não impossível. Em casos extremos é aconselhável recorrer ao auxílio de profissionais de saúde e terapeutas. Vejamos o exemplo abaixo, cujo gatilho dispara o hábito de *comer depressa*.

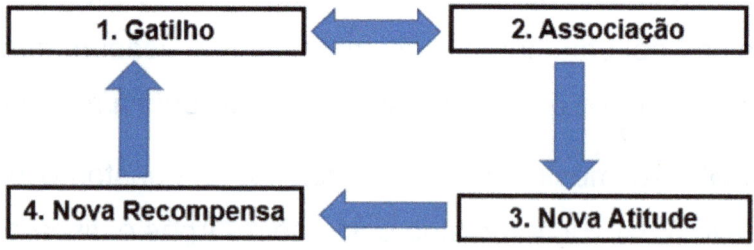

Gula ou Transtorno Compulsivo Alimentar

1. Gatilho. *Comer depressa.*

2. Associação. Desejo de comer muito e terminar logo associado aos seguintes fatores:

    a. Mensagens frequentes na infância para "limpar o prato".

    b. Na fase adulta executava atividades durante o horário de almoço. Por causa da pressão do pouco tempo disponível, deixava de prestar atenção na refeição e a mastigação rápida passou a ser um hábito.

    c. Atitude prévia: Terminar de comer rápido, limpar o prato e sentir-se satisfeito.

    d. Recompensa prévia: Estomago cheio e satisfação plena.

3. Nova atitude. Antes de iniciar a refeição:

    a. Relaxar e agradecer o alimento.

    b. Observe o alimento e não o prato.

    c. Degustação: reconhecer os alimentos que estão sendo ingeridos.

    d. Colocar pouco alimento na boca.

    e. Voltar o talher no prato enquanto estiver mastigando pelo menos 20 vezes antes de engolir.

4. Nova recompensa:

>   Melhor digestão e menos sonolência.
>
>   Sensação de vitória e de bem-estar.

Para pensar...

1. *Você tem algum hábito inadequado que precisa ser mudado? Utilizando o método acima descrito, como você planeja saná-lo?*

2. *Descreva os três estados conscientes:*

    > *"Estar consciente"*
    >
    > *"Ser consciente"*
    >
    > *"Querer tornar-se consciente"*

11. Reparação

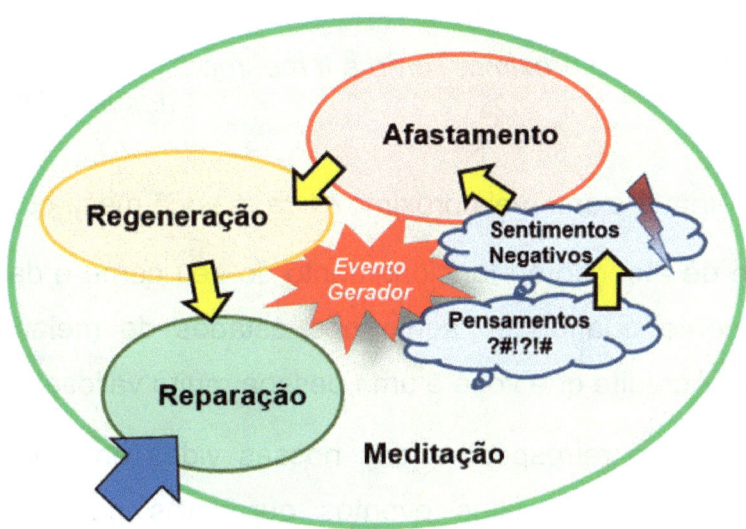

Através da Reparação podemos minimizar os efeitos do evento gerador do problema. Esta etapa compreende a retratação dada a alguém por injúria, a indenização por danos causados e mesmo a desculpa sincera.

A importância da reparação é o momento de livrar-se do "cativeiro" (sofrimento) através do perdão, mudança de atitudes e fazer o bem à pessoa prejudicada.

Amai o próximo...

Tenha em mente as seguintes citações:

> *"O perdão é uma necessidade absoluta para a continuidade da existência humana."*
>
> - Desmond Tutu, bispo na África do Sul

"Ó Mestre, ... Pois é dando que se recebe."
"Perdoando, que se é perdoado..."
- Oração de São Francisco

"Amai os vossos inimigos!"
"Amarás o teu próximo, como a ti mesmo. "
- Jesus Cristo (Mateus)

E quem é o seu mais próximo? Ora, é você mesmo!

Ame-se e dê atenção ao funcionamento do seu corpo e da sua alma, principalmente quando se sente nos estados de melancolia e de libertação. Acredite que você é uma pessoa muito valiosa!

Realizando uma retrospectiva das nossas vidas encontraremos em diversos momentos muitos eventos geradores de conflitos onde atuamos tanto como ofensores quanto ofendidos (vítimas).

Na condição de ofensores gostaríamos muito de sermos perdoados pelas nossas vítimas. Certo?

"Amai os vossos inimigos!", atribuída a Jesus Cristo, não deve ser interpretada literalmente, porque o sentimento de afeto que temos por pessoas amigas não é o mesmo para aquelas que são nossos adversários.

Ter afeição por um inimigo é extremamente difícil. Para o nosso próprio benefício, é melhor deixar de guardar rancor, ódio e desejos de vingança, mesmo que não haja a chance de reconciliação.

No caso de possível reconciliação, é sugerido que os adversários se perdoem sem obstáculos e sem intenção de humilhar.

Em suma, perdoe desejando o bem ao próximo. O perdão liberta a alma, protege a saúde, e evita as doenças psicossomáticas.

Devemos reparar os erros cometidos o mais breve possível para não perpetuar o problema. O sofrimento traz os malefícios para todo o organismo, iniciando-se pelas doenças psicossomáticas e atingindo as glândulas endócrinas, o sistema nervoso e demais órgãos.

Sabemos de muitos casos de pessoas que no final da vida pedem para que os adversários venham visitá-las a fim de se perdoarem. Nunca devemos levar para a sepultura a mágoa e o ódio. Para os espiritualistas isto significa evitar possíveis obsessões em vidas futuras.

Reparar os erros é a oportunidade de progredir moralmente. O ofensor pode sanar o dano físico ou moral causado de forma direta com a vítima, pedindo perdão, mudando suas atitudes e, se for o caso, repondo os bens materiais danificados.

O significado do ato de reparar é profundo, pois envolve consertar, indenizar as perdas e, também, a retratação para com a pessoa injuriada.

Se a vítima não aceitar o perdão, o ofensor pode remediar a situação prestando serviço voluntário ou fazendo boas ações para os outros em nome da vítima. Esta é uma maneira proativa de resolver o problema e aliviar sentimentos de arrependimento.

A reparação eleva a alma, tornando-nos pessoas mais humildes amáveis, caridosas e úteis.

Um exemplo de cidadania e reparação simples é o bilhete que uma senhora deixou no para-brisas do meu carro. Ela escreveu:

> *"O vento soprou no meu carro. A porta se abriu e marcou a sua porta do lado do passageiro. Por favor me ligue no 999-9999. Desculpe por isto."*

Uma pessoa desconhecida assumindo a responsabilidade pelo dano causado. Telefonei para ela agradecendo por tão nobre gesto.

Há inúmeros exemplos de reparação. Um dos mais importantes foi a retratação da Igreja Católica aos indígenas canadenses. Foram descobertos dezenas de jazigos com restos mortais de crianças indígenas enterradas nos quintais dos internatos católicos localizados em províncias canadenses.

Outro caso interessante ocorreu em agosto de 2022 no estado do Espírito Santo (Brasil). O ladrão roubou o carro mas arrependeu-se depois de ver uma cadeirinha de criança especial. Ele devolveu o carro, com tanque de gasolina cheio, e com pedido de desculpas através do bilhete deixado no veículo:

> *"O crime pede perdão. Na hora da tensão não deu para ver o problema da criança. E o carro "tá" sendo devolvido com o tanque cheio!!!*

Para pensar...

1. Você se ama?

2. Se você tiver adversários, consegue ao menos respeitá-los como pessoas?

12. Meditação

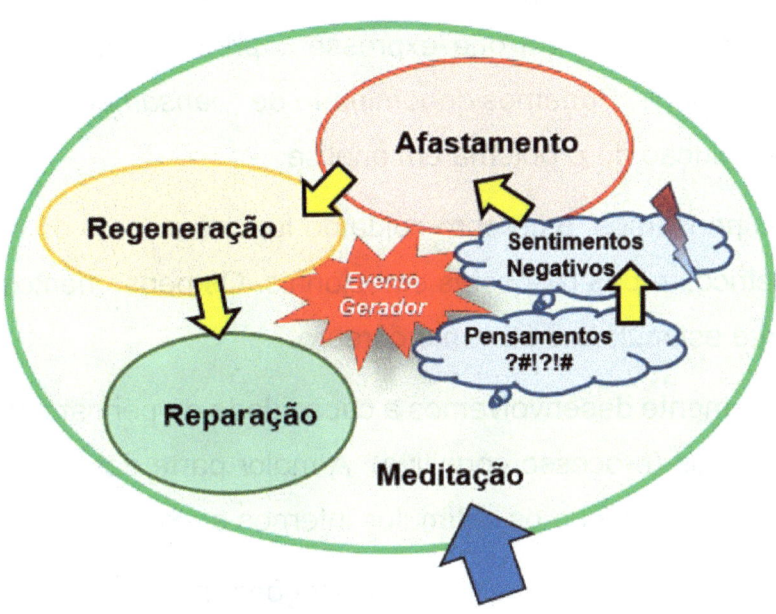

A Meditação congrega e dá suporte os demais componentes. Ela acompanha todo o processo até que ocorra o perdão e a cura do sofrimento ocorram. O sofrimento pode ser resultado da culpa por ter ofendido alguém, ou por ter sido vítima ou por ter tido envolvimento em alguma situação indesejável.

Através da prática da meditação revisamos e melhoramos os componentes deste processo. Exercitamos a faculdade de pensar produzindo ideias e pensamentos, os quais são passíveis de serem selecionados de acordo com as ações necessárias para seguirmos nossas escolhas. Recomendo rever o capítulo "As Nossas Escolhas" onde são descritos detalhes sobre o assunto.

A mente mantém todo tipo de pensamento e, geralmente, de forma desordenada. A meditação nos ajuda a revisar esses pensamentos, organizá-los e definir um que expresse o princípio ou propósito que desejamos atingir. Podemos denominá-lo de *"pensamento chave"* para nortear a solução do problema em análise.

Enquanto pensamos, o cérebro cuida do funcionamento do corpo, dos sinais elétricos e das respostas emocionais. Os pensamentos gerados pela mente estimulam e ativam o cérebro.

Através da mente desenvolvemos a capacidade de pensar e de adquirir conhecimentos (processo cognitivo). A maior parte dos neurônios fica no lobo frontal e recebe os estímulos internos e externos.

A mente trabalha por meio de sensações para entender nossos sentimentos. Ela acumula informações que o cérebro processa para tornar nossa vida possível. Portanto, o ser humano pode escolher entre "*sofrer*" e "*não sofrer*".

Conforme descrito no capítulo Doenças Psicossomáticas, o c*érebro* é a parte física na cabeça que cuida do funcionamento do corpo. Ele age através dos pensamentos gerados pela mente.

A *Mente* é abstrata e imaterial. Não tem forma, peso, medida e localização física. Revela a nossa capacidade de pensar e de adquirir conhecimentos. Existem três tipos de mentes:

Mente Superior. Ela se conecta com o Universo e a Espiritualidade através das energias que emanam do chacra coronário, influenciado pelo pensamento que é composto de energias magnéticas (fluidos).

A mente superior fornece as energias transformadoras que precisamos para prosperar. Ela tem recursos abundantes para realizar os nossos sonhos e desejos.

Mente Consciente. Ela processa o raciocínio lógico, racional, imagina, resolve problemas e trabalha os pensamentos positivos.

A mente consciente coordena o mecanismo mental. Ela define objetivos, filtra informações, mantém controle sobre as demais mentes, elabora e decide os desejos.

Mente Inconsciente. Ela é influenciada pela mente consciente e mantém os arquivos de memórias, impressões, sentimentos, comportamentos e todas as vibrações positivas e negativas.

O processo de perdoar alguém tem início pela análise dos sentimentos negativos enraizados na mente inconsciente.

Através da força de vontade, da meditação e do tratamento terapêutico é possível transformar esses sentimentos negativos em positivos conforme ilustrado na figura abaixo.

Alinhamento das mentes

Mentes desalinhadas significa falta de sintonia entre elas e resulta e sentimentos de baixa estima, medo, barreiras para perdoar, etc.

A mente inconsciente não é proativa como a mente consciente. Ela pulsa com frequencia liberando sentimentos e ideias sem lógica. Por exemplo, às vezes falamos ou agimos e, logo em seguida, percebemos que "foi sem pensar".

A falta de sintonia entre as mentes favorece a simples reprodução de mensagens liberadas pela mente inconsciente sem a prévia análise racional da mente consciente. Então, falamos e agimos sem pensar.

A prática da meditação é o meio ideal para manter o alinhamento e a sintonia entre as mentes. Através dela podemos limpar memórias indesejáveis que estão fixadas na mente inconsciente, propiciando clareza, prosperidade e consequente felicidade de viver.

Analise esta situação de mentes desalinhadas seguindo a sequência numérica.

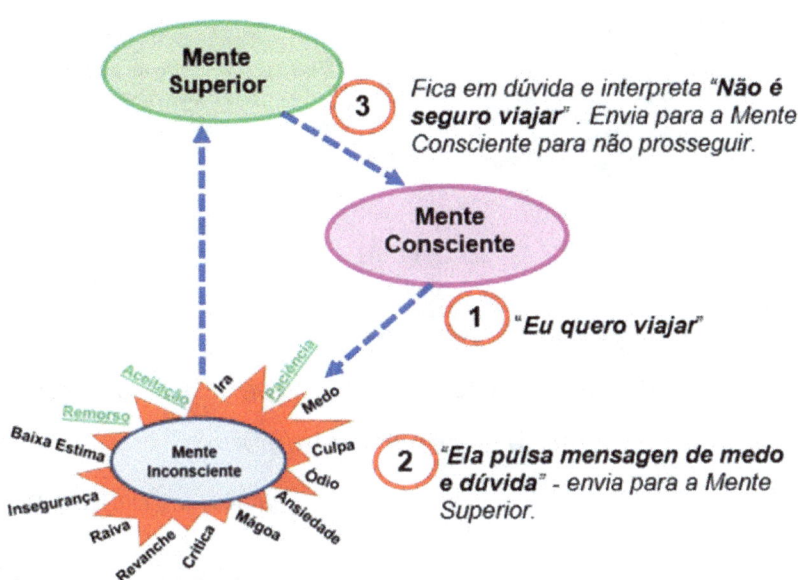

O alinhamento das mentes promove o nosso estado vibracional para materializar os sonhos e desejos.

O gráfico abaixo reproduz o exemplo acima com as mentes alinhadas e em sintonia.

Meditando

"Não somos seres humanos tendo uma experiência espiritual; somos seres espirituais tendo uma experiência humana".

- Pierre Teilhard de Chardin

Emitimos faixas de ondas denominadas frequências. A faixa de ondas Beta (14 a 21 ciclos/segundo), é a frequência de quando estamos acordados e a mente está preparada para executar tarefas que requerem atenção.

A faixa de ondas Alfa é propícia para a meditação pois as ondas vibratórias são lentas (menos de 14 ciclos/segundo). A pessoa pode estar de olhos fechados, com os sentidos parcialmente adormecidos, mas em estado de descontração e pré-sono (relaxamento profundo). A consciência expande fluindo energias criativas e as sensações de paz e bem-estar.

As prática da meditação é realizada com base na concentração e na contemplação. Exemplos:

   a. *"Voltar a atenção para dentro de si"*.

   b. Prática de focar a mente em um único objeto. Ex.: em uma estátua religiosa, na própria respiração, em um mantra.

   c. Abertura mental para o Divino, invocando orientação do mais alto.

   d. Análise racional de ensinamentos religiosos.

Atenção e Concentração

Os únicos limites da sua mente são aqueles que você acredita ter! A *atenção* é a ação de fixar a alma sobre algo (*focar*). Ela precede a concentração e funcionam juntas.

A *concentração* é a forma intensa de atenção. A amplitude depende das condições biológicas da pessoa, da hora do dia, do bem-estar físico e mental, do que está acontecendo na vida dela, e do seu interesse em concluir a tarefa. Exemplificando, cada pessoa tem o seu próprio relógio biológico. Uns se sentem bem dispostos na parte da manhã, outros durante o horário noturno.

Através do pensamento você pode dirigir a atenção para uma pessoa ou cenário.

a. Se você conhece a pessoa, a sua mente traz a imagem dela de imediato.

b. Se você tem *vago conhecimento* da pessoa, a sua mente necessita de uma referência (foto ou figura).

c. Se você *não conhece a pessoa*, a sua mente necessita de ajuda espiritual para localizá-la.

É comum estarmos executando tarefas maçantes que desejamos terminar logo. Nesse caso, há necessidade de encontrar alguma motivação positiva ou mesmo se auto recompensar como incentivo para tornar a tarefa menos sofrida.

Praticando a concentração

Existem várias técnicas de praticar o relaxamento e a concentração. Elas podem ser encontradas em livros, videos e nas redes sociais.

Por exemplo, a concentração pode ser praticada com a imagem mental da *chama de uma vela*, de modo a minimizar o fluxo de pensamentos que causam distração, trazendo a sensação de bem-estar e consciência. Estando nesse estado calmo pode-se energizar mentalmente todos os órgãos do próprio corpo.

Em geral, esses exercícios obedecem às seguintes etapas:

      1. Preparação do corpo
      2. Exercitando o relaxamento
      3. Exercitando a concentração

4. Voltando ao estado normal

A prática da concentração favorece muito quando estamos orando. Na essência, a prece se constitui em autoajuda. Não importa a sua religião ou credo. O simples fato de elevar o pensamento e meditar sobre a sua vida e suas atitudes, restaura a paz e a serenidade que tanto precisa.

O perdão pedido a Deus é condicionado à renovação das nossas atitudes para superar os maus hábitos.

Não basta orar pedindo proteção. É necessário vigiar, manter-se acordado, observar e permanecer atento a si próprio e às pessoas que nos cercam. Precisamos discernir, comparar, induzir, deduzir e ajuizar o que nos oferecem. Perceber além das aparências para discernir entre o verdadeiro e o falso.

A prece ou oração é o ato de ligar-se a Deus e pode ter por objeto um pedido, um agradecimento ou louvor.

A prece é invocação e relação mental com o ser a quem nos dirigimos. Isto é possível porque estamos envolvidos pelo fluido universal (capítulo O Corpo Fala e Escreve!).

A vontade para a realização do objeto do pedido *impulsiona o fluido* que é o veículo utilizado pelo pensamento. Através da prece podemos impulsionar as energias da saúde, da coragem, da paciência e da resignação para a pessoa a quem estamos nos dirigindo.

Além da vontade, a fé e o merecimento são elementos essenciais. O poder da fé é demonstrado diretamente na ação magnética, atuando sobre os fluidos do corpo e modificando as suas propriedades.

Fé é ter a *forte vontade de querer* e a *certeza de que essa vontade pode realizar-se*. A ausência de fé é a falta do catalisador fundamental da cura.

Para pensar...

1. Cite pelo menos dois benefícios da prática da meditação.
2. *Descreva as funções das mentes Superior, Consciente e Inconsciente.*
3. Pense num desejo e exercite por dois minutos o alinhamento das mentes conforme explicado acima.

13. O Auto Perdão

"Você não pode voltar e começar de novo, mas pode começar agora mesmo e criar um final totalmente novo."

- James R. Sherman

O autoperdão é uma das peças fundamentais para o bem viver, e implica em mudanças de posturas durante a vida e aceitação do que somos sem pré-julgamentos. O autoperdão faz parte da evolução consciente do ser humano trazendo à tona as verdades de si mesmo.

Em muitas situações desagradáveis que vivenciamos, principalmente durante a infância e juventude, nos sentimos incapazes de entender o nosso papel naqueles contextos, como exemplo, se fomos molestados, trapaceados, abandonados ou abusados. A falta de entendimento claro sobre os fatos ocorridos provoca os sentimentos de culpa, remorso e ressentimento que permanecem latentes durante a vida e precisam ser resolvidos.

É comum tomarmos nós mesmos como ponto de referência e acabamos considerando que os demais seres humanos são frágeis e "anormais". Através do sentimento de compaixão podemos "vestir as suas vestes" e analisar as nossas próprias profundezas. Os "anormais" são nossos espelhos, nossas sombras.

Por essas características, o autoperdão envolve analisar os erros que cometemos ou as emoções de raiva que guardamos. Também requer uma análise profunda de toda a educação que recebemos. Muitas lições aprendidas são inadequadas para o objetivo pessoal atual de paz, harmonia, prosperidade e felicidade.

O grande benefício do autoperdão é a oportunidade de iniciar a reforma íntima tão necessária para alcançar a liberdade de pensar e de agir de forma responsável.

Os conflitos internos precisam ser revisados para aprender a lidar com eles. As censuras, o perfeccionismo, a autocobrança e o seguimento de rotinas podem ser relaxados. Os preconceitos e seus paradigmas devem ser mudados, ou até mesmo eliminados, através do exercício da meditação.

A liberdade de pensar traz a reavaliação dos dogmas religiosos impressos na memória e que ainda geram dúvidas, preconceitos e falsas sensações de pecados inexistentes.

As interpretações de passagens bíblicas, dogmas e crenças religiosas devem ser realizadas segundo a época em que vivemos. Sempre evitar o entendimento literal porque aqueles textos foram escritos há séculos. Eles refletem os interesses sociopolíticos e religiosos daquela época.

Com esforço podemos extrair os ensinamentos religiosos para iluminar a consciência com condutas saudáveis e não aterrorizantes. Essa é a postura ideal e que traz a luz necessária para identificar muitas afirmações enganosas que nos foram passadas e nos induziram a acreditar.

O importante para realizar o autoperdão é deixar de viver o passado. Renovar-se para viver o presente e o futuro, mantendo Deus nos nossos corações.

Você pode sentir um leve desconforto com sua autoestima durante o processo de autoanálise. Nossa falha em nos aceitar como pessoas causa baixa autoestima, porque esquecemos que além dos sentimentos tóxicos que admitimos ter, temos muitos sentimentos bons a oferecer. A autoaceitação reafirma nossa individualidade e nos faz sentir seguros em nós mesmos.

Concluindo, o autoperdão nos tira das culpas que carregamos e que bloqueiam a nossa evolução. É o libertar-se das âncoras que nos mantém presos em cativeiros fictícios que nos impedem de exercer o direito de prosperar e de sermos felizes. Nós temos que reconhecer que somos iluminados pela abundância que a Divindade nos oferece.

Tornando o auto perdão mais profundo

Todas as religiões possuem orações sobre o perdão. Para efeito deste exercício, tome uma oração da sua religião ou crença que trata do perdão.

Por exemplo, tomei a oração do Pai Nosso, conhecida pelos cristãos, como base para esta análise. Onde se lê:

> *"Perdoai as <u>nossas</u> ofensas,*
> *assim como <u>perdoamos</u> a quem <u>nos</u> tem ofendido."*

Toda ofensa gera débito. Com sinceridade, queremos saldar o débito? Dependendo do grau de severidade da ofensa, somos impotentes para perdoar e, então, apelamos para a misericórdia divina. Mas será que Deus esquece tudo? Ou é a nossa consciência que não esquece?

O texto usual utiliza o pronome na primeira pessoa do plural (*nós*). Parece que o comprometimento para com Deus fica diluído e distribuído por toda a comunidade. Dá a impressão que se eu, em particular, deixa de assumir o compromisso de perdoar, alguém da comunidade poderá assumi-lo por mim. Certo?

Agora releia a mesma declaração na primeira pessoa do singular (*eu*):
> *"Perdoai as <u>minhas</u> ofensas,*
> *assim como <u>eu</u> perdoo a quem <u>me</u> tenha ofendido."*

Quando pensamos na primeira pessoa do singular nos colocamos mais presentes na intenção que a frase desperta. Tem um efeito mais profundo, mexe com o íntimo, compromete e motiva para que as ofensas sejam reavaliadas para não mais atrapalhar a própria vida.

A ausência de perdão é perturbadora, tira o foco das atividades diárias. A falta de perdão nos sintoniza frequentemente com os ofensores, ou com as vítimas, gerando ressentimento, mágoa, raiva, ódio, desejo de vingança e doenças psicossomáticas.

E qual a medida do perdão? Segundo os evangelhos, a medida do perdão é proporcional ao modo pelo qual assumimos o compromisso. Ou seja, se não perdoamos, não seremos perdoados.

E agora, o que posso fazer por mim?

Com base nas orientações descritas neste livro, se você tem algum sofrimento estas direções podem nortear a sua vida de agora em diante:

* *Renove as suas atitudes*
* *Orai e Vigiai!*

Renove as suas atitudes

a. *Descubra os seus melhores sentimentos bons*

Tentar renovar as atitudes focalizando nos vícios e sentimentos tóxicos, ou mesmo nos defeitos, é tarefa difícil e frustrante. A estratégia mais apropriada é identificar os seus sentimentos bons relevantes e aperfeiçoá-los. Assim, os maus hábitos vão deixando de ser importantes e acabam sendo consertados.

b. *Leis Divinas*

Elas zelam para o seu progresso individual. Todos os seres que vivem neste planeta se desenvolveram, se adaptaram e estão progredindo de alguma forma. Você também progredirá através do seu esforço e auto premiação.

c. *Fé raciocinada*

Seja caridoso com você mesmo e tenha vontade de mudar. Talvez essa vontade de progredir possa estar inibida no seu íntimo. Tenha certeza de que essa vontade pode se realizar.

d. *Pensamento*

Podemos emitir vibrações positivas e negativas. Mude o seu jeito de pensar trazendo otimismo na sua vida. Pare de manter os seus pensamentos ancorados em fatos ruins.

e. *Aceitação*

Aceite os chamados da vida para a renovação interior.

Orai e Vigiai!

Devemos nos vigiar sempre para evitarmos manter os pensamentos ancorados em situações desagradáveis.

O melhor caminho para nos manter focados no bem são as preces, pois elas nos alimentam de coragem, paciência e resignação. As preces nos inspiram a achar os meios para sairmos das dificuldades pelos nossos próprios méritos.

A prece dirigida aos anjos da guarda, ou espíritos protetores, inspira bons pensamentos, traz força moral para vencermos as dificuldades e afasta os males que atraímos pelos nossos descuidos.

Para pensar...

1. Você recorda de alguma ofensa ou conflito que necessita o seu perdão? Examinando esse cenário, questione: "Será que eu criei esse conflito? Ou será que influenciei ou facilitei para que esse conflito acontecesse?"

2. Você se sente flexível para mudar os seus hábitos? Pense em dois hábitos que devem estar travando a sua vida. Como mudá-los?

3. "E agora, o que posso fazer por mim?"

    Reflita essa questão. Pense em ações que possam renovar as suas atitudes, bem como, manter-se no caminho do bem.

Parte IV

Conclusões

Parabéns! Você está finalizando a leitura deste livro e pronto para praticar os conhecimentos adquiridos.

Logo no início afirmamos que a prática do perdão de forma consciente e objetiva é necessária para eliminar os sentimentos negativos que afetam a saúde física e mental.

O perdão é um dos componentes do grupo dos sentimentos bons, onde também estão incluídas a humildade, a liberdade, a aceitação, a compaixão, o desapego e a sabedoria.

Traçamos um panorama das causas dos conflitos externos e internos. Elas se constituem em fontes importantes para serem observadas para que possamos conviver com situações divergentes.

Por termos escolhido progredir na vida, precisamos nos precaver das situações e mensagens que tiram o foco dos nossos objetivos pessoais.

Sabemos que a maioria das doenças são originadas na mente e depois acabam se materializando nos órgãos do corpo. Podemos alterar esse quadro ativando os pensamentos e sentimentos positivos que impulsionam os fluidos saudáveis para a células e centros de força.

O corpo fala e escreve! Ele se expressa comandado pela cabeça que detém as glândulas, o cérebro e a mente. Em conjunto eles fazem funcionar essa engenharia divina que utilizamos para viver.

Perdoar não é uma decisão fugaz e geral. Impossível perdoar e sermos perdoados por todas as faltas de uma só vez. O processo de perdoar envolve o entendimento da vida e do ambiente em que estamos inseridos. Através desta escola da vida que recebemos as lições de como conviver em paz com outros seres e tentarmos ser felizes.

Tratamos também das mudanças de hábitos que exigem esforço, sacrifício, perseverança e ação. O perdão é um recurso de ajustamento pessoal e de saúde. Pacientes apresentam melhoras após resolverem suas pendencias interpessoais através do perdão.

O autoperdão derruba as barreiras que impedem o progresso espiritual. A sua prática traz o benefício de retomarmos o contato íntimo com a nossa individualidade. Afloram os sentimentos de segurança e determinação. Então, nos sentimos fortalecidos para evitar o envolvimento em situações que ofereçam riscos de sofrermos no papel de vítimas.

O processo de perdoar e de se transformar é constante. As dificuldades observadas refletem as fraquezas humanas. Para minimizar os seus sofrimentos, as pessoas precisam ser encorajadas para adotarem o hábito da auto análise. Assim, elas poderão evitar os sentimentos de vitimas para tornarem-se pessoas proativas e desenvolver as suas capacidades (mental, emocional e espiritual). É isto que o Criador espera do ser humano.

A prática do Ciclo do Perdão pode ser ministrada para crianças e jovens para que aprendam a se precaver contra os sofrimentos causados pelas fontes de conflitos.

A prática do Ciclo do Perdão traz os seguintes benefícios:

    a. Promove a libertação das aflições.

    b. Ajuda no tratamento de transtornos psicológicos.

    c. Cura memórias de experiências dolorosas.

    d. Desintoxica os sentimentos de culpa, medo, mágoa, melindres, raiva, frustração e ansiedade.

    e. Ajuda a identificar hábitos ruins ou inadequados.

    f. Ajuda a descobrir os motivos que nos levam a desempenhar tanto os papéis de ofensores quanto de ofendidos (vítimas).

Lembre-se de que o sucesso de qualquer tratamento depende sempre da vontade e do esforço do paciente!

Memorize este diagrama, pois ele é um caminho bom e eficaz para curar os seus sofrimentos.

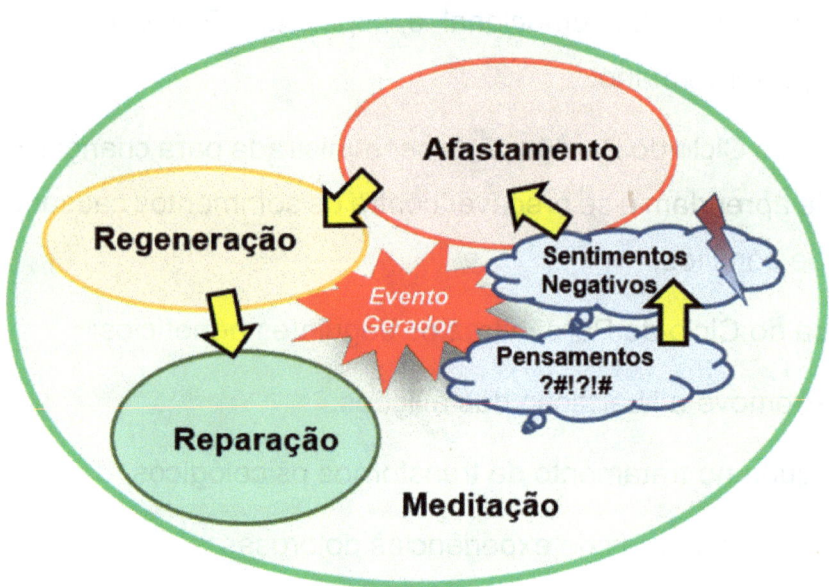

Para pensar...

*"Viver e não ter a vergonha de ser feliz
Cantar, e cantar, e cantar
A beleza de ser um eterno aprendiz."*

- "O Que É, o Que É?" - Gonzaguinha

Parte V

Perguntas Frequentes

O perdão e o mundo em ebulição.

"O mundo está em ebulição causando muito sofrimento a toda população. Como tratar do perdão numa situação dessas?"

Historicamente, o mundo sempre esteve em conflito devido à busca pelo poder, pela conquista das terras vizinhas, pela defesa territorial, e assim por diante.

Não é possível resolvermos o problema do mundo e muito menos nos culparmos pelos sofrimentos que os outros estão passando. Por isso, precisamos trabalhar o nosso íntimo para melhorarmos o que temos de bom e influenciar as demais pessoas do nosso convívio no caminho do bem.

Mesmo assistindo esse sofrimento geral, devemos meditar e procurar agir de alguma maneira para suavizar os que sofrem. Pode ser através do voluntariado ou mesmo pela prece fervorosa.

O ciclo do perdão pode atrapalhar tratamentos?

"Estou em tratamento com um terapeuta com o objetivo de me curar de alguns sintomas mentais que vem ocorrendo. O ciclo do perdão proposto pode atrapalhar o tratamento?"

Boa pergunta. A proposta do Ciclo do Perdão é ajudar as pessoas a entenderem o ambiente em que vivem e os componentes que afetam a saúde. O perdão é uma terapia e não há contraindicação.

O ciclo do perdão e os nossos lados sombrios.

"Li que um dos nossos problemas hoje em dia é que negamos os nossos lados sombrios e tentamos nos tornar completamente bons. O ciclo do perdão não é uma maneira de negar nossos lados sombrios?"

Pelo contrário, a prática do Ciclo do Perdão ajuda a clarear os lados sombrios através da renovação de atitudes para encarar a vida com clareza e determinação.

O ciclo do perdão e as crenças religiosas.

"O ciclo do perdão proposto pode ser utilizado por pessoas de qualquer crença religiosa e ateus?"

Sim. O perdão é uma questão de saúde e não um preceito religioso. Como pode uma pessoa seguir um credo com fé se anda perturbada?

O ciclo do perdão proposto tem como base as ciências. A atitude do perdão é compatível com as crenças religiosas. Cada pessoa segue a sua crença e pode incluir os seus modos de orar durante a prática. Resolvendo as suas pendencias as pessoas podem aderir mais facilmente aos seus credos.

"Já li livros religiosos que tratam do perdão. Por que o ciclo do perdão não enfatiza religião?"

Há muitos livros que tratam do perdão sob o ponto de vista dos dogmas e princípios religiosos. No entanto, eles deixam de ser explícitos sobre a maneira de como perdoar.

O Ciclo do Perdão focaliza a diversidade de pessoas independente de credo. Apenas procura responder à questão "Como perdoar?" enfatizando os aspectos da saúde. Creio que a prática sincera do perdão se torna um hábito pessoal salutar de atitude individual do ser humano.

Ateísmo e perdão.

"Não acredito em Deus e, também não acredito em carma. Então, por que eu deveria perdoar alguém?"

Como já dissemos, perdoar é antes de tudo uma questão de saúde e não de credo. A questão de acreditar em Deus vem com o tempo e com as experiências de vida.

Relação entre maldade e perdão.

"Você acredita que existe algo como a maldade no mundo? Qual a relação da maldade com o perdão?"

Vamos analisar desta forma, a maldade existe porque Deus permite a sua existência.

As maldades feitas pelos seres humanos geram dores que precisam ser superadas. Elas são as provações pelas quais podemos utilizar para crescermos moralmente. Lembre-se: "nós progredimos pelo amor ou pela dor!"

Algumas coisas não devem ser perdoadas.

"Eu digo que há algumas coisas que não devem ser perdoadas."

Quem somos nós para julgar o que deve ou não ser perdoado?

Se sofremos é motivo para meditarmos sobre essa dor e tentar descobrir a causa. Quando a dor atinge os nossos sentimentos, a melhor saída é libertar-se através do perdão.

O Ciclo do perdão versus tamanho das faltas.

"Eu entendi que o ciclo do perdão proposto é para situações relativamente pequenas. E sobre coisas grandes como estupro e assassinato? Eles devem ser perdoados?"

O objetivo da solução proposta é ser adaptável a qualquer nível de situação, sendo que os casos graves devem ser tratados com o auxílio de um profissional de saúde.

Quando um evento desagradável ocorre, logo clamamos por justiça. Até os tribunais concedem perdão total para certos casos, ou reduzem a pena na maioria dos casos.

Apesar do culpado sofrer também, a pessoa prejudicada sofre muito e precisa de amparo e um caminho para diminuir as suas dores e livrar-se das amarras da raiva. A prática do caminho proposto conduz a este objetivo.

Ciclo do perdão e vícios.

"Sou alcoólatra e continuo bebendo. Mesmo tendo este vício eu posso usar a sua proposta?"

Claro que sim. Você é um ser humano e provavelmente sente-se culpado por ter esse vício, e das consequências desagradáveis que afetam os seus entes queridos. Sem dúvida, o caminho proposto pode ser utilizado como terapia.

Ciclo do perdão e gula.

"Tenho problema com relação à comida. Sofro de gula e me sinto culpada por isso."

Artigos científicos revelam que a gula – hábito de comer em excesso - não é pecado como as religiões prescrevem. Ela é causada pelo descontrole emocional tanto sobre a comida quanto em relação a outros sentimentos tóxicos.

Atualmente, a gula é reconhecida como *"transtorno compulsivo alimentar"* em que a pessoa come em excesso não pelo real prazer da comida, mas para aliviar algum sofrimento encravado na mente inconsciente. Além do excesso de peso, a gula resulta na sensação de culpa e vergonha. A gula tem cura através da mudança de hábitos e terapias. O caminho proposto pode ser usado sem limites para livrar-se dessa culpa ocasionada pela gula.

Ciclo do perdão e orientação sexual.

"O caminho proposto não trata de orientação sexual?"

O Ciclo do Perdão objetiva ajudar o ser humano, independente de orientação sexual, a se livrar das suas dores através do perdão.

Dificuldade em perdoar.

"Tenho dificuldade em perdoar a minha situação. Posso perdoar as pessoas, mas estou passando por momentos difíceis e acho difícil perdoar isso."

Justamente nos momentos difíceis temos que meditar mais para encontrar o nosso íntimo e a possível solução para sair da situação. Dependendo da gravidade será necessário você procurar ajuda médica e psicológica.

Perdão e sucesso.

"O perdão pode me fazer bem-sucedido?"

Sim, absolutamente. Em geral interpretamos o sucesso em termos de amor, dinheiro, status e poder com as consequentes ostentações. A prática do perdão não está necessariamente ligada a todos esses termos. Ao livrar-se dos sofrimentos a atenção da pessoa se volta para o seu interior e, por isso, adquire a chance de enveredar por projetos onde pode exercitar os seus talentos com liberdade.

Perdão e carma.

"Se eu praticar o perdão poderei eliminar o meu carma ruim?"
Em sânscrito, carma significa "ação". De acordo com os seus valores pessoais o carma pode ser positivo ou negativo dependendo do seu livre-arbítrio de pensar e agir.

Se você costuma pensar negativamente, procure descobrir o motivo através da meditação. Você descobrirá a origem (evento gerador) desse comportamento que você chama de "carma ruim". Sabemos que cada evento gerador está associado a algum fato desagradável que demanda uma atitude de perdão.

Perdão e limite de idade.

"Existe algum limite de idade que você recomendaria para perdoar?"

Não há limite de idade para perdoar. Procurar a cura dos sofrimentos deve ser feita a qualquer tempo e não deixar para o leito de morte. Não faz sentido sofrer a vida inteira para pedir perdão a alguém no último instante.

E agora?

*Siga em frente
com fé,
vontade,
esperança,
perseverança,
vigilância
e amor!*

Fraterno abraço

Erson

www.ingramcontent.com/pod-product-compliance
Lightning Source LLC
Chambersburg PA
CBHW070607050426
42450CB00011B/3011